Introdução à Terapia de Aceitação e Compromisso

Michaele Terena Saban

Introdução à Terapia de Aceitação e Compromisso

PREFÁCIO
Steven C. Hayes
Jacqueline Pistorello

Artesã

Introdução à Terapia de Aceitação e Compromisso
Copyright © 2021 Artesã Editora

2ª Edição - 10ª reimpressão setembro 2025

É proibida a reprodução total ou parcial desta publicação, para qualquer finalidade, sem autorização por escrito dos editores.
Todos os direitos desta edição são reservados à Artesã Editora.

DIRETOR
Alcebino Santana

DIREÇÃO DE ARTE
Tiago Rabello

REVISÃO
Maggy de Matos

PROJETO GRÁFICO E DIAGRAMAÇÃO
Conrado Esteves

S113   Saban, Michaele Terena.
        Introdução à terapia de aceitação e compromisso / Michaele Terena Saban. 2. ed. – Belo Horizonte : Ed. Artesã, 2015.
        104 p. ; 21 cm.

        ISBN: 978-85-88009-45-5

        1. Psicologia do comportamento – pesquisa, aplicações. 2. Behaviorismo. 3. Análise do comportamento. I. Título.

CDU 159.9.019

Catalogação: Aline M. Sima CRB-6/2645

IMPRESSO NO BRASIL
Printed in Brazil

📞 (31)2511-2040   © (31)99403-2227
🌐 **www.artesaeditora.com.br**
📍 Rua Rio Pomba 455, Carlos Prates - Cep: 30720-290 | Belo Horizonte - MG
📷 f /artesaeditora

Agradecimentos

Obrigada...

À minha família, à qual nem tenho palavras para agradecer todo o apoio que sempre me deram. Obrigada por tudo.

Às minhas amigas e amigos, que conversaram, incentivaram, me fizeram rir inúmeras vezes, me acolheram e tornaram a vida muito mais divertida. Obrigada por todos os momentos; como sempre, é um prazer conviver com vocês.

Aos professores, principalmente por me ensinarem o entusiasmo frente ao conhecimento, por respeitarem meu modo de trabalhar e me ajudarem em minhas dificuldades.

Obrigada, Denize Rubano, você foi uma excelente orientadora.

Obrigada, Sergio Wajman, por, mesmo não sendo adepto da teoria behaviorista, ter respeitado e mostrado interesse pelo meu trabalho.

Obrigada, Ziza (Maria Luisa Guedes), pois sem nem me conhecer, você me recebeu e ajudou muito, discutindo comigo e me instigando a pesquisar e me aprofundar neste trabalho. Sem dúvida foi um desafio, e você, Ziza, contribuiu fortemente para que eu pudesse realizá-lo, obrigada.

Paula Goia, obrigada pelo apoio, carinho e pelo exemplo de profissional que você é.

Nilza Micheletto, por acreditar e incentivar meu trabalho, muito obrigada.

Obrigada, Roberto Banaco, sempre aprendo e me surpreendo muito com você.

Ao Francisco Lotufo Neto, cuja ética e comprometimento com o conhecimento são indiscutíveis e inspiradores. Muito obrigada.

À Jacqueline Pistorello, que foi extremamente receptiva nos congressos da ACT e me auxiliou a entender esta terapia. Obrigada por sua gentileza.

Ao Steven Hayes, pela Terapia de Aceitação e Compromisso e suas contribuições para o Behaviorismo.

E obrigada, Steven, por responder às minhas perguntas.

E às demais pessoas maravilhosas que tive o prazer de conhecer ao estudar a Terapia de Aceitação e Compromisso, obrigada.

Prefácio

ACT, Análise do Comportamento e Psicologia Brasileira

A terapia comportamental surgiu nos anos 60 como um campo que estava comprometido com intervenções cuidadosamente definidas e empiricamente testadas, baseado nos princípios básicos de comportamento. Rejeitou as teorias e tecnologias que foram mal especificadas, vagamente discutidas, e pouco pesquisadas e trouxe os benefícios dos princípios de aprendizagem para a intervenção clínica.

A psicologia no Brasil foi parte deste movimento. Há um bom tempo, o Brasil tem tido um papel muito importante na terapia comportamental e no movimento behaviorista, estimulados por líderes como Fred Keller em Brasília.

Ainda assim, havia um problema. A terapia comportamental, a principio, simplesmente não tinha uma maneira de lidar adequadamente e coerentemente com a cognição humana.

Não levou muito para os conceitos cognitivos serem trazidos para o centro da terapia comportamental. Porque não havia uma teoria básica da cognição humana, que parecesse adequada para orientar as intervenções cognitivas da mesma maneira que os princípios comportamentais haviam guiado intervenções comportamentais; muitas teorias cognitivas com base na área clínica se proliferaram em seu lugar. O Brasil foi um participante ativo nesta segunda geração de Terapias Comportamentais e Cognitivas também, mas durante esta fase muitos nas áreas de terapias comportamentais e análise do comportamento aprenderam a falar de questões cognitivas usando termos behavioristas imprecisos. Isso é compreensível, mas diminui um dos benefícios principais dos princípios comportamentais: a sua grande precisão. Ainda hoje essas duas asas da terapia comportamental e cognitiva existem no Brasil, seguindo ainda um tanto afastadas uma da outra, às vezes.

A nosso saber, o livro que você está lendo é o primeiro (mas não o último) a apresentar a Terapia de Aceitação e Compromisso (ACT, Acceptance and Commitment Therapy, dito como uma palavra, não A-C-T; Hayes, Strosahl, & Wilson, 1999) para uma escuta brasileira. A ACT é uma terapia de liderança no movimento chamado de "terceira geração" ou forma contextual das Terapias Comportamentais e Cognitivas.

A ideia central deste novo grupo de abordagens baseadas na aceitação e no contato com o momento presente (*mindfulness* em inglês) é a função dos sentimentos e pensamentos, e não sua forma, que são mais importantes. Baseia-se no melhor dos dois campos: Terapia Comportamental/Análise do Comportamento e Terapia Comportamental e Cognitiva.

Embora seja parte da tradição das Terapias Comportamentais e Cognitivas, ACT difere das Terapias Comportamentais e Cognitivas tradicionais nas áreas de filosofia da ciência, ciência básica, teoria aplicada, os processos que são o alvo de mudança, e muitas das técnicas de intervenção. Essa é uma lista muito comprida e que necessitaria diversos volumes para explicá-las completamente, mas o presente livro começa esse processo dentro da comunidade brasileira.

A ACT tem várias características únicas. É baseada em uma variedade de pragmatismo filosófico: contextualismo funcional. Isso ajuda a explicar a disposição de pesquisadores e clínicos da ACT para usar a linguagem de várias maneiras e explorar valores tão profundamente. Usando o utilitário como um critério de verdade requer clareza sobre os objetivos analíticos e permite maior flexibilidade nas formas de falar que sejam mais úteis.

A ACT é o único tipo atual das Terapias Comportamentais e Cognitivas que está ligada ao seu próprio, e vigoroso, programa de pesquisa básica em linguagem e cognição humana: a Teoria dos Quadros Relacionais (Hayes, Barnes-Holmes, & Roche, 2001), que é descrita neste livro brevemente. Isso permite que terapeutas e pesquisadores da ACT sejam mais precisos em suas pesquisas com relação ao desenvolvimento tecnológico e aos processos de mudança. O movimento das Terapias Comportamentais e Cognitivas nunca teve uma teoria contextual básica da cognição para explorar. Agora tem.

A ACT é tecnologicamente inovadora, com dezenas de novos procedimentos nas áreas de aceitação, desfusão, contato com o momento presente, o senso de *self*, valores, e ação com compromisso, e este livro introduz o leitor a todos estes processos. Na ACT, um pensamento incômodo pode ser visto sem paixão, repetido em voz alta até que apenas o seu som continue a existir, ou tratado como um objeto exterior, dando-lhe uma forma, tamanho, cor, velocidade, ou textura. Um sentimento difícil pode ser explorado como se exploraria um objeto nunca visto antes. A mudança de comportamento da pessoa está ligada às escolhas baseadas em valores pessoais e métodos são utilizados para facilitar a habilidade da pessoa de ver as coisas a partir de muitas perspectivas e de se manter em contato flexível com o momento presente.

A ACT não é nem uma Terapia Comportamental tradicional nem uma Terapia Comportamental e Cognitiva clássica. Ela representa um passo à frente na tradição do movimento behaviorista com uma análise nova e precisa da cognição. Ela representa uma mudança filosófica das Terapias Comportamentais e Cognitivas, com sua ênfase sobre a função e contexto. Achamos que fornece uma maneira de combinar algumas das melhores ideias de ambas tradições.

Devido ao papel importante do Brasil na comunidade mundial de terapia comportamental e cognitiva, vai ser interessante ver o que acontece quando entra a ACT no Brasil e o Brasil na ACT. É nossa esperança que, devido às suas raízes profundas nestas duas asas das nossas maiores tradições, o Brasil venha a perceber a oportunidade que a ACT representa para consolidação e progresso, e rapidamente assuma a liderança na comunidade mundial que procura desenvolver esta abordagem.

Queremos também dizer uma palavra sobre a autora deste livro, Michaele Terena Saban. Formada recentemente em Psicologia na Pontifícia Universidade Católica de São Paulo, Michaele tem sido muito dedicada e diligente em aprender ACT, Teoria dos Quadros Relacionais, e suas raízes comportamentais contextuais. Ela havia frequentado várias conferências e fizera muitas, muitas perguntas (oh, quantas perguntas!). Nós dois com alegria nos dispomos a lhe ajudar, porque ela estava obviamente muita empenhada em compreender esta terapia de forma responsável, em vez de forma passiva. O resultado de toda esta dedicação, por tantos anos, está mais do que evidente neste livro. Terapeutas brasileiros interessados em aprender sobre ACT, vão achar neste livro uma ótima introdução a este tipo de terapia, com uma discussão da teoria mas também uma boa apresentação de diversas técnicas clínicas. Michaele não vai ser a última pessoa a fazê-lo, mas temos o maior prazer de vê-la entre os primeiros a trazer ACT para a comunidade brasileira.

Steven C. Hayes
Jacqueline Pistorello

University of Nevada, Reno
August, 2011; Reno, Nevada

Referências

HAYES, S. C.; BARNES-HOLMES, D.; ROCHE, B. (2001) (Eds.), *Relational Frame Theory: A Post-Skinnerian account of human language and cognition*. New York: Plenum Press.

HAYES, S. C.; STROSAHL, K. D.; Wilson, K. G. (1999). *Acceptance and Commitment Therapy: An experiential approach to behavior change*. New York: Guilford Press.

Apresentação

Esse livro é inspirado e contém partes do trabalho desenvolvido no curso de Psicologia da Pontifícia Universidade Católica de São Paulo, sob orientação da Prof[a]. Dr[a] Denize Rosana Rubano, intitulado "Uma Leitura Behaviorista Radical da Terapia de Aceitação e Compromisso", de minha autoria.

No decorrer do presente texto, encontram-se termos e conceitos do Behaviorismo Radical em virtude da origem Behaviorista da Terapia de Aceitação e Compromisso (ACT).

O intuito deste livro é apresentar a ACT de acordo com o manual de 1999 – *Acceptance and Commitment Therapy: an experiential approach to behavior change (Terapia de Aceitação e Compromisso: uma abordagem experiencial para a mudança comportamental)*, de Hayes, Strosahl e Wilson, incluindo os principais exercícios traduzidos.

Este livro também sofreu influência das conferências internacionais da ACT e da Association for Contextual Behavioral Science das quais tive o imenso prazer de participar (Associação de Ciências Comportamentais Contextuais), de 2007 em Houston, USA, 2008 em Chicago, USA, 2009 na Holanda e 2010 em Reno, USA.

Sumário

PARTE I - INTRODUÇÃO 17
Teorias dos Quadros Relacionais 20
Modelo de psicopatologia da ACT 23
Fusão Cognitiva 25
Evitar 25
Avaliar 26
Dar Razão 26
Modelo geral de ações para lidar com a psicopatologia 26
Aceitação 26
Escolha 27
Ação 27
Ferramentas 27

PARTE II - MÉTODOS CLÍNICOS 29
Hexágono de Flexibilidade Psicológica 33
O lado esquerdo do hexágono 33
Desesperança criativa 34
O controle é o problema, não a solução 44
Desfusão 57
Atacando a confiança do cliente na linguagem 59
Considerando a arbitrariedade da linguagem 60
Removendo a função simbólica da linguagem 61

Objetificando os estímulos..64
Diferenciando Avaliação de Descrição..66
Aceitação..68
Utilizando objetos para representar pensamentos e sentimentos......71
"E" em vez de "MAS"...71
Referindo-se a pensamentos e sentimentos como tais..................72

O meio do hexágono..73
Contato com o momento presente..73
Self como contexto..74

O lado direito do hexágono..84
Valores..84
Valor como direção de ação X sentimento....................................86
Escolha X julgamento...86
Escolha X ações derivadas da lógica..87
Valores X pressões sociais...87
Valores / processo X objetivos / resultados...................................87
Ação com compromisso..90

Processo terapêutico e o terapeuta..94

Conclusão..96

Referências..99

PARTE I

Introdução

A Terapia de Aceitação e Compromisso (ACT – Acceptance and Commitment Therapy) é uma psicoterapia comportamental criada por Steven Hayes e colaboradores em 1987, baseada na teoria dos Quadros Relacionais, que propõe uma análise da linguagem humana.

O objetivo geral da ACT é proporcionar flexibilidade psicológica, que significa aceitar os eventos encobertos[1] desagradáveis, como sentimentos, pensamentos, memórias e sensações julgadas ruins ou negativas a serviço de manter ou modificar ações que são importantes para o indivíduo. Geralmente quando temos tais eventos encobertos "negativos", tendemos a fugir ou nos esquivar deles, assim como fazemos com os demais estímulos[2] aversivos (abertos ou encobertos[3]). Porém isto implica numa restrição de nossas ações, em vez de fazermos o que é importante ou o que valorizamos, passamos grande parte do tempo evitando tais eventos encobertos. A proposta da ACT é justamente aceitar estes eventos encobertos e concentrar as ações do indivíduo a serviço de uma vida mais significativa – nisto consiste a flexibilidade psicológica.

---

[1] Eventos que ocorrem dentro da pele do indivíduo.
[2] Eventos, partes do ambiente.
[3] Eventos fora e dentro da pele.

Este objetivo é fundamentado pela concepção de psicopatologia da ACT e pela teoria dos quadros relacionais, que atribui os problemas psicopatológicos à linguagem humana e nossa capacidade de relacionar estímulos.

Teoria dos quadros relacionais

A teoria dos quadros relacionais diz respeito às relações entre os estímulos. Por exemplo, a palavra dita "cachorro" tem uma relação de equivalência com o cachorro objeto; assim, quando vemos um cachorro, pensamos "cachorro". Mas a palavra dita "cachorro" também tem uma relação de equivalência com a palavra escrita "CACHORRO"; uma vez que essas duas relações são aprendidas, surgem outras relações, que não foram treinadas pela comunidade verbal: uma delas é a relação de equivalência entre o cachorro como objeto e a palavra escrita "CACHORRO". Uma vez treinada/estabelecida a relação entre um estímulo A com um estímulo B, e entre um estímulo A com um estímulo C, surgem as relações de simetria de B para A e C para A, e as relações de transitividade de B para C e de equivalência de C para B, além das relações de reflexibilidade A é igual a A, B é igual a B, e C é igual a C, como exemplificado na figura 1. Resumindo, ao estabelecer duas relações entre três estímulos (A–B e A–C), gera-se mais sete relações (A-A, B-B, C-C, B-A, C-A, B-C e C-B).

Estas relações que surgem sem treinamento são típicas dos humanos e é o que torna o aprendizado mais acelerado. O que Hayes, Strosahl e Wilson (1999) acrescentam neste esquema é outros tipos de relações que são treinadas de forma não sistemática no decorrer da vida, como relações de oposição (A é oposto de B), temporais (A vem antes que B), distinção (A é diferente de B), comparação (A é melhor

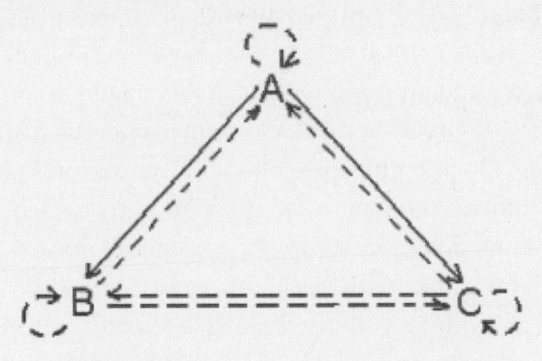

Figura 1. Relação de equivalência de estímulos.
O traço contínuo refere-se às relações treinadas e
o traço pontilhado às resultantes que não foram treinadas.

que B), etc. Nessas relações também ocorre a transformação de função entre os estímulos. Por transformação de função entende-se que as reações emocionais (inclusive os respondentes[4]) e a função da relação contingencial produzidas por um dado evento são transformadas para os estímulos relacionados a este evento. Assim, nós interagimos com o ambiente e nesta interação constroem-se relações entre os estímulos e ampliam-se suas funções numa rede de relações que é nomeada de *quadros relacionais*. São nesses quadros relacionais que os estímulos ganham significados, isto é, estímulos e nossa história com o ambiente são articulados.

Um exemplo dessa leitura é quando uma criança passa por uma situação aversiva com um cachorro, leva uma mordida e a dor é correlacionada com o animal. Essa criança apresentará reações emocionais de medo ao ver novamente o cachorro que a mordera, mas não somente, essas reações emocionais poderão ser generalizadas para outros cachorros (generalização), e ao ouvir a palavra cachorro (transferência

---

[4] Reflexos.

de função numa relação de equivalência). Até este ponto justifica-se pelas explicações skinnerianas e de Sidman, porém a criança também pode, por exemplo, sentir muito medo ao ver um lobo, caso tenha sido treinada em sua história de vida que o lobo é **pior que** um cachorro, ou apresente uma reação indefinida quanto a gato, pois aprendera que gato é **diferente de** cachorro, ou até mesmo demonstre pouco medo de um filhote de cachorro, pois foi treinado a relação de que filhote é **mais fraco que** um cachorro adulto. Observe que uma experiência transforma as funções dos estímulos a ela relacionados, seja por condicionamento ou pelas relações que emergiram dela. Assim a linguagem, que é a capacidade de relacionar estímulos de forma arbitrária, isto é, sem propriedades físicas em comum, transforma significativamente as funções de uma contingência para outros estímulos relacionados a ela. No caso de contingências aversivas, esta função amplifica-se para diversos estímulos (a criança passa a ter medo de diversos animais ou palavras que os representem), torna-se constante no tempo (o medo não passa ao finalizar a experiência, ele é eliciado pelas palavras ao relatar o evento, por exemplo) e outros estímulos aversivos são criados sem uma experiência direta com eles (o lobo passa a ser temido também). Esta nossa capacidade de relacionar estímulos e transformar funções nos possibilita reagir ao nosso mundo de forma efetiva (é bom, de certa forma, a criança temer um lobo sem ter que passar por uma experiência com ele), porém aumenta, torna mais constante e cria-se novos estímulos aversivos, principalmente verbais que podem, em circunstancias em que a história de vida teve um treinamento muito extensivo de comparar estímulos e ou uma história muito aversiva, ampliar tal aversividade transformando o repertório do indivíduo muito restrito para respostas de fuga e esquiva dessa grande massa de estímulos aversivos. Considerando que grande parte desses estímulos são verbais (a criança está em contato com o estímulo verbal "lobo" de forma muito mais constante do que com o lobo em si), eles são geralmente pensamentos, memórias e sentimentos que são evocados pela gama de estímulos ambientais relacionados ao evento aversivo. Desta forma são interpretados os diversos problemas patológicos como um repertório de fuga e esquiva de eventos encobertos aversivos.

Modelo de psicopatologia do ACT

De acordo com a ACT, a psicopatologia diz respeito a processos comportamentais normais que, devido a situações adversas, tornaram-se problemáticos, isto é, com componentes aversivos, com exceção de patologias orgânicas importantes como, por exemplo, lesões cerebrais.

A origem principal dessas situações adversas reside em crenças e práticas de nossa cultura e sociedade. Nos é ensinado que a felicidade é algo cotidiano e almejado, enquanto a tristeza deve ser evitada, como se ambas não fizessem parte da nossa história de vida. Também nos é ensinado que quando estamos tristes é porque temos algum problema, cuja causa deve ser encontrada para que possa ser eliminado (repertório de fuga e esquiva). E isto vale para a ansiedade, o medo, a agressividade, e todos os inúmeros sentimentos e sensações que julgamos negativos. A implicação deste tipo de prática é que o problema e a causa são concebidos como sentimentos, pensamentos, sensações corporais e memórias negativas. E esta é uma justificativa socialmente muito aceitável para outros comportamentos abertos. É isto que nos faz evitar e negar os eventos encobertos negativos. Porém pensamentos, sentimentos, sensações e memórias não são passíveis de tal controle de forma eficiente, e é justamente esta tentativa que leva aos distúrbios mentais.

A tentativa de controle dos eventos encobertos julgados negativos também se deve ao comportamento verbal. Por causa do contexto da literalidade (em que os estímulos estão numa relação de coordenação), quando pensamos em algo aversivo, nosso pensamento passa a ser aversivo, e como ocorre com outros eventos aversivos, nós reagimos por fuga e esquiva, isto é, os evitamos. Tendemos a formular regra de não pensar (ou sentir, ou lembrar) no evento aversivo, mas na própria regra: "não vou pensar em x"; o "x" está presente e transformará a aversividade do evento para a palavra, tornando aquilo que se quer evitar, presente. É por esta razão que o controle dos eventos encobertos não funciona efetivamente, pois não se trata de uma pedra que se esconde num lugar distante e não se vê mais; o comportamento verbal faz da simples pedra aquela que sempre volta no meio do caminho.

Assim, as pessoas se "embaralham" com seus eventos encobertos e deixam de resolver as situações concretas que geram os problemas, os eventos aversivos primordiais, que estão na interação entre os indivíduos e seus ambientes.

A ACT não pretende eliminar nenhum evento encobertos, mas, em vez disso, propiciar que sejam vivenciados como o que de fato eles são: sentimentos, pensamentos, sensações e memórias. Treinar a capacidade de vivenciar um evento encoberto negativo tão bem quanto um positivo, por meio da mudança de contexto (desliteralização) é um de seus objetivos, juntamente com o esclarecimento de valores e o planejamento e execução de comportamento em direção a eles.

Dentre os problemas clínicos, os quatro principais são: fusão cognitiva – contexto da literalidade, evitar – contexto do controle, avaliar – contexto de avaliação e dar razão – contexto de dar razão.

Fusão Cognitiva

Ocorre quando um símbolo equivale a um evento e ao indivíduo. Trata-se do contexto da literalidade e é conhecido como a *identificação com a mente*. Quando um indivíduo se identifica com seus eventos encobertos, estes passam a ter um status de identidade, como algo inerente ao indivíduo, e não como reações emocionais que surgem e passam. Em outras palavras, quando há uma *identificação com a mente*, as pessoas levam seus eventos encobertos muito a sério e, consequentemente, sofrem além do necessário.

A intervenção, no modelo do ACT para a fusão cognitiva, é a desliteralização, isto é, a dessensibilização dos estímulos relacionados.

Evitar

Evitar os eventos aversivos é uma habilidade filogeneticamente selecionada, assim como evitar os estímulos que o acompanham (estímulos condicionados). Devido a esta habilidade, nossos ancestrais conseguiram fugir dos leões e dos seus rugidos; porém quando esta habilidade é utilizada num âmbito em que o controle não é efetivo (diferente do controle sobre as pernas para correr dos leões), evitar causa prejuízo em nossa *inteligência experimental*, porque se bloqueamos o nosso acesso à nossa própria história, como poderemos aprender com ela? Além do fato de isto não ser possível por completo intencionalmente, como visto na Teoria dos Quadros Relacionais. Entretanto inúmeras pessoas continuam evitando seus eventos encobertos aversivos, pois a consequência imediata de se livrar deles é muito reforçadora apesar de, com o tempo, eles tenderem a aumentar suas intensidades, suas frequências e durarem mais.

Avaliar

A avaliação é possível por causa da linguagem que nos possibilita a abstração dos eventos e o trato com eles como se fossem objetos. Assim, conseguimos discriminar diferentes eventos encobertos, mas passamos também a atribuir valores a eles, julgando-os bons ou ruins. É neste momento que nos damos conta do que "queremos" evitar e, quanto mais vasta a fusão cognitiva, mais forte será a nossa tentativa de evitar os eventos aversivos, gerando mais sofrimento e menos inteligência experimental.

Dar Razão

Dar razão refere-se à explicação que damos para nossos comportamentos. As razões que são dadas para os problemas que servem como justificativas sociais são os sentimentos, pensamentos, sensações e memórias. Mas justamente estes não podem ser as causas, pois são parte constituinte do problema e não algo separado que o causou. Esta atribuição de razão acaba por gerar sofrimento adicional e empecilhos para a resolução do problema concreto.

Modelo geral de ações para lidar com a psicopatologia

Para responder a estas demandas, a ACT utiliza-se da aceitação, da escolha e da ação.

Aceitação

A aceitação é a resposta para a questão relativa ao que fazer com os eventos encobertos aversivos. Fazem parte da vida eventos desagradáveis e, quanto aos eventos encobertos em que não há possibilidade eficaz de controle, a solução é não apresentar resistência para que eles venham e vão sem sofrimento adicional.

Para desenvolver a aceitação, são utilizados exercícios e metáforas com o fim de conduzir o cliente a enxergar os eventos encobertos sem se identificar e se apegar a eles.

Escolha

A aceitação serve para os eventos encobertos e para a história de vida, pois esta última não pode ser mudada, devendo estar acessível para o nosso aprendizado, para que, baseados em nossa experiência, possamos fazer escolhas mais consistentes, sem ficar repetindo os erros anteriores.

Ação

Quanto ao futuro e aos comportamentos abertos temos a possibilidade de controle, não sendo necessária a aceitação para aquilo que podemos mudar. Assim se a aceitação dos eventos encobertos e da história de vida foi bem sucedida, o cliente terá condições de fazer escolhas de acordo com seus valores e colocá-las em prática em ações coerentes com seus objetivos.

Ferramentas

Como esta terapia se propõe a reduzir as formas danosas de controle verbal, a prática clínica é permeada por uma linguagem pouco literal, para quebrar o domínio do comportamento verbal e fazer da experiência o foco. São utilizadas para isto *metáforas*, *paradoxos inerentes* e *exercícios*.

As metáforas têm um caráter menos específico e, por isso, o cliente tem maior dificuldade de vê-la como uma regra. Elas não têm uma lógica racional, pois são mais como uma imagem, além de serem mais fáceis de lembrar e de aplicar a outras situações.

O paradoxo inerente é uma contradição entre propriedades literais e funcionais de um evento verbal. Trata-se de uma construção verbal sobre eventos parcialmente verbais e não verbais que evidenciam a diferença de qualidade entre eles.

Os exercícios proporcionam uma experiência com eventos encobertos em um ambiente seguro e sem julgamento, o que promove uma mudança de contexto destes, enfraquecendo suas funções esquivas.

PARTE II
Métodos clínicos

Para alcançar os objetivos terapêuticos (aceitação, escolha e ação), e ensinar o cliente a aprender com sua própria história, tornando-se autônomo, a Terapia de Aceitação e Compromisso percorre seis fases, cujas durações dependem da evolução e necessidade do cliente.

Estas fases são:

1. Determinação dos hábitos e comportamentos ineficazes do cliente (sua demanda e o que o cliente já tentou fazer para resolvê-la).
2. Mostrar como os comportamentos ineficazes são baseados no controle emocional e em estratégias de evitar os eventos encobertos aversivos.
3. Ajudar o cliente a detectar e diminuir a *fusão cognitiva*.
4. Incentivar o cliente a entrar em contato com uma percepção de si distinta das reações automáticas e das crenças literais.
5. Ajudar o cliente a identificar direções de valores de vida, objetivos e ações necessárias para atingi-los.
6. Apoiar o cliente em engajar-se em ações compromissadas com seus valores, permitindo que pensamentos, sentimentos, sensações e memórias

funcionem não como obstáculos, mas como uma parte esperada da vida.

O processo terapêutico é expresso no modelo do *hexágono de flexibilidade psicológica*, que contém as fases divididas diferentemente e proporciona uma melhor forma de demonstrar as relações entre elas. Este é o modelo mais atual e o que será considerado neste livro.

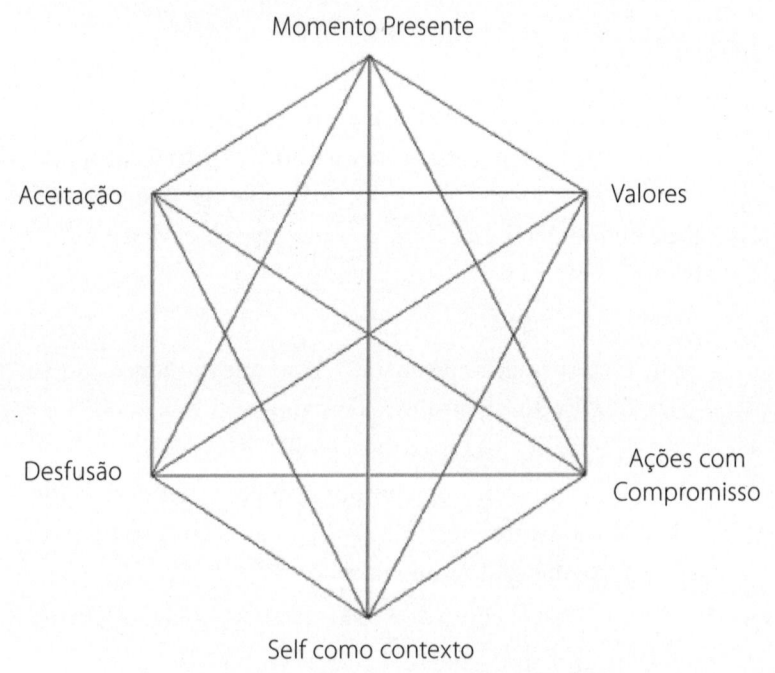

Figura 2. Hexágono de Flexibilidade Psicológica

Tanto o modelo das seis fases como os hexágonos são formas de auxiliar o terapeuta segundo as propostas da ACT. Não são fixos, nem é preciso que se siga a ordem indicada, e assim como o tempo de cada fase, devem ser guiados pelas necessidades e características do cliente. As metáforas e exercícios que serão apresentados no decorrer das fases seguem a mesma regra, podendo ser adaptados e criados outros novos com o mesmo intuito e com elementos da vida do cliente, para melhorar a sua compreensão.

Hexágono de Flexibilidade Psicológica

Geralmente a terapia começa com o que é indicado no lado esquerdo do hexágono – a *Aceitação* e a *Desfusão* – para depois avançar para o lado direito, os *Valores* e as *Ações com Compromisso*. As fases do meio são inclusas em ambos os lados e servem de passagem entre eles. O lado esquerdo está relacionado com os eventos aversivos e as condições que levaram o cliente à terapia; já o direito diz respeito à construção de novos repertórios e valores pessoais, que possibilitam o cliente encerrar a terapia. O meio indica condições necessárias para os dois lados.

O lado esquerdo do hexágono

O lado esquerdo do hexágono explicita o objetivo de levar o cliente a entrar em contato com suas experiências dolorosas e aceitá-las, sendo elas eventos passados e imutáveis, e desenvolver uma nova forma mais flexível de conceber os pensamentos, sentimentos, sensações corporais e memórias, encarando-os apenas como são, isto é, sem se *fundir* à eles.

Para alcançar estes objetivos é necessário rever com o cliente o que o levou à terapia e o que ele já fez para tentar resolver a situação. Esta parte é a primeira no modelo das seis fases – a determinação dos hábitos e comportamentos ineficazes do cliente – e é chamada de *Desesperança criativa*. Esta e *O controle é o problema, não a solução* não são denominadas como fases no modelo do hexágono de flexibilidade psicológica, mas constituem passos importantes e mais comumente introdutórios no processo terapêutico.

Desesperança criativa

A desesperança criativa é uma postura de desistir do controle sobre os eventos encobertos. De acordo com o modelo de psicopatologia da ACT, o controle sobre os eventos encobertos não é eficaz, pois funciona apenas a curto prazo, enquanto a médio e longo prazo é o responsável pelos problemas psíquicos. Esta postura é chamada de *Desesperança Criativa* porque diz respeito à perda da esperança nas estratégias, hábitos e comportamentos que não funcionam como deviam para o cliente, e da criação de uma abertura para construir uma nova forma de lidar com os problemas.

Todo o comportamento é funcional, isto é, tem uma função, serve a algo. E todo o comportamento que se mantém produz algum reforço, alguma vantagem. Porém um comportamento pode ter, e é mais provável que tenha, várias consequências, e mesmo que seja reforçado, pode ter consequências aversivas significativas para constituir aquilo que o cliente chama de problema. Assim, quando se diz que o comportamento é ineficaz, ou não funcional, está-se referindo ao pacote de consequências que envolvem eventos aversivos, e/ou que o comportamento não está tendo as consequências que foram previstas. Este é o caso do controle sobre os eventos encobertos; socialmente somos ensinados a lidar com os problemas identificando e alterando suas causas, mas os eventos encobertos não são passíveis deste controle pelo contexto da literalidade propiciada pela linguagem. Assim, este tipo de controle não produz as consequências desejadas porque o evento aversivo não é eliminado, mas mesmo assim há uma tendência a agir desta forma porque a resposta se mantém através da consequência imediata da aparente remoção do estímulo.

Para o cliente desistir do controle dos eventos encobertos, ele precisa primeiro identificá-lo em suas diversas formas (as estratégias que o cliente usa para resolver problemas), reconhecer seu caráter ineficiente e perceber o padrão de controle. Este processo é permeado por três perguntas chave:

- O que o cliente quer?
- O que ele já tentou?
- Como funcionou?

A terapia com o cliente começa com o contrato de trabalho. Além do enquadre prático (hora e local), o cliente deve ser informado de que este tipo de terapia é intenso, de que é de se esperar altos e baixos, para que o cliente não meça o progresso impulsivamente; o terapeuta deve também fazer uma descrição breve de como será o trabalho.

Em seguida, passa-se para a primeira pergunta: o que o cliente quer? Esta pergunta pode ser feita de várias formas, como:

- O que o trouxe para a terapia?
- O que você quer da terapia?
- Se você pudesse mudar algo na sua vida, o que seria?
- O que você acha que é na verdade o problema?
- Do que você pensa que isto se trata?

Estas perguntas ajudam a esclarecer o que o cliente vem evitando, o que tem sido difícil para ele, os comportamentos alvos que estão produzindo também consequências aversivas. Uma vez identificados, perguntar a respeito das circunstâncias nas quais os comportamentos ocorrem, como ocorrem e suas consequências. O que leva à próxima pergunta: o que o cliente já tentou fazer para resolver seu problema? Normalmente a terapia é uma das últimas estratégias para resolver problemas. O cliente, quando chega à terapia, já tentou várias alternativas, como analisar, evitar, negar, tolerar, etc. E o fato dele buscar terapia indica que estas formas não funcionaram, pelo menos não como desejado. As perguntas ao cliente seguem na direção de examinar as diversas formas com que ele tentou resolver seu problema, pedindo uma descrição detalhada e contextualizando destas estratégias no sistema mais amplo da sua forma de resolver problemas. É importante neste momento validar as experiências do cliente, legitimando seu esforço para se resolver como algo compreensível e normal.

Estas perguntas sobre a queixa e sobre o que o cliente já fez para tentar resolvê-la servem também para a avaliação funcional das contingências descritas, o que estava acontecendo quando foi emitida a resposta, a resposta e sua consequência, sempre contextualizando na história de vida do cliente e seu repertório. Isto ajuda tanto o clínico como o cliente a entenderem com mais clareza as relações de controle que geraram e mantém os comportamentos do cliente. Passa-se, então, para a terceira pergunta: como funcionou? Como as diversas formas de lidar com o problema resultaram? Estas perguntas devem examinar a efetividade das estratégias de resolver problemas em dois sentidos:

- os resultados a curto e longo prazo na diminuição de sofrimento, na resolução do problema, e
- como a vida do cliente tem se transformado em virtude dessas estratégias, se ocorrem limitações ou restrições.

O que o clínico procura identificar são as estratégias de controle sobre os eventos encobertos. Estas têm a característica de serem efetivas em curto prazo; normalmente o indivíduo quando tenta parar de pensar em algo, por exemplo, consegue fazê-lo no momento, mas o pensamento tende a voltar, tornando estas estratégias ineficazes à longo prazo e gerando a necessidade de mais controle, resultando em mais limitações na vida do cliente. Por exemplo, o indivíduo pode pensar em outra coisa para se desviar do problema, porém na tentativa de "não pensar em X", "X" está presente e, por coordenação, as funções aversivas passam para a palavra pensada. Este é o motivo pelo qual o indivíduo tenta se livrar do pensamento em primeiro lugar. No momento em que o indivíduo pensa em outra coisa, a aversividade passa e esta estratégia de evitar é reforçada negativamente. Porém o problema não se resolve ao fingir que ele não existe, e algo que o lembre facilmente surge. Quanto pior o problema, mais ele ocupa elementos da vida cotidiana, mais facilmente ele será lembrado, e ao se lembrar através de algo, este algo passa a ser aversivo também e necessita ser evitado. Assim o indivíduo passa a evitar cada vez mais "coisas" em sua vida, limitando-a.

É importante que o cliente constate a ineficácia das suas estratégias e comece a se acostumar a olhar para a sua experiência como referencial. O contraponto da experiência são as estratégias "pensadas", dentre as quais a da tentativa de controle dos eventos encobertos. Para fins práticos na terapia pode-se usar o conceito de "mente" para nomear tais estratégias. Este uso serve ao propósito de identificação para ajudar o cliente a criar uma distância de seus eventos encobertos no sentido de não se identificar com eles.

Outras perguntas que podem ser úteis para constatar a eficácia das estratégias são se elas funcionaram como o cliente havia previsto, e se a própria análise que ele vem fazendo funciona para ele.

As perguntas sobre a eficácia têm como finalidade confrontar o sistema de resolução de problemas do cliente.

O confronto não é entre o clínico e o cliente, mas sim entre o sistema de resolução de problemas e a própria experiência do cliente. Nisto consiste a *desesperança criativa*: fazer o cliente perder a esperança no antigo sistema para que algo diferente possa surgir. É por isto que a validação de suas experiências é necessária, para que ele reconheça o intuito e possa direcioná-lo para algo que funcione. O terapeuta também valida a percepção do cliente de que suas estratégias de controle dos eventos encobertos são ineficazes. Isto pode ser feito com frase deste tipo:

- Realmente parece que não tem jeito.
- Pelo que está me dizendo, o que você vem fazendo não funciona.
- Deste jeito eu também não vejo esperança.

O efeito destes comentários é um certo espanto do cliente pelo terapeuta responder diferentemente do que o resto do seu ambiente. Normalmente o cliente reclama, recebe atenção por isto e é de uma forma consolado na medida que as pessoas dizem que seu problema não é tão ruim assim ou que ele irá resolver. Quando o terapeuta concorda que o que o cliente faz não funciona, ele quebra com a função de receber consolo ou amenização da reclamação, e proporciona uma necessidade de mudança mais "radical", no sentido de que o cliente precisará realmente fazer algo de diferente para resolver seu problema, além de validar sua experiência.

Lembre-se que a desesperança é uma *postura*, não um sentimento ou uma crença, e que o cliente tem responsabilidade por ter estratégias ineficazes, no sentido de ser hábil para se comportar de uma forma ou de outra, mas não é por isto que deva se sentir culpado por ter falhado, pois de nada adiantaria do ponto de vista terapêutico. A alternativa para o antigo sistema é desistir dele, da luta que ele promove com os eventos encobertos aversivos.

Para que o cliente possa confrontar seu sistema é necessário que ele de fato vivencie a constatação da ineficácia, não somente intelectualmente. As metáforas têm este papel de trazer o entendimento à experiência e afastá-lo de racionalizações. A mais usada nesta situação é a do "homem no buraco".

O Homem no Buraco

A situação em que você está se parece um pouco com isto. Imagine que você está num campo, usando uma venda, e lhe foi dada uma pequena mala de ferramentas para carregar. Disseram-lhe que a sua tarefa era correr por este campo sem enxergar nada. Assim supõe-se que você viva a vida. Então você faz o que lhe disseram. Mas, sem que você saiba, há vários amplos espaços neste campo, buracos muito profundos. A principio você não sabe disso, você é ingênuo. Então você começa a correr e mais cedo ou mais tarde você cai num grande buraco. Você percebe ao seu redor e, você está convencido, não há como escalá-lo nem rotas alternativas. Provavelmente o que você faria em tal situação é pegar a mala de ferramentas e ver o que tem dentro dela; talvez tenha algo que você possa usar para sair do buraco. Suponha que a única ferramenta da mala seja uma pá. Então você obedientemente começa a cavar, mas rapidamente descobre que não está fora do buraco. Então você tenta cavar cada vez mais rápido. Mas você ainda está no buraco. Então você tenta dar grandes cavadas, ou pequenas, ou jogar a terra para longe, ou não. Mas mesmo assim você está no buraco. Todo este esforço e trabalho e o buraco só fica maior e maior. Não é esta a sua experiência? Então você veio me ver, "talvez ele tenha uma enorme pá, uma pá especial." Bem, eu não tenho. E mesmo que eu tivesse, eu não usaria, porque cavar não é uma saída do buraco, cavar é o que faz os buracos. Então talvez todo o programa de trabalho seja desesperançoso. Você não pode cavar a sua saída, isto só aumenta o buraco.

(HAYES; STROSAHL; WILSON, 1999, p. 101)

Esta metáfora traduz o esforço do cliente em achar uma solução para os seus problemas, evidenciando que suas estratégias, embora pareçam diferentes, encaixam-se numa mesma categoria – controle dos eventos encobertos, ou cavar. A utilidade de formar uma grande classe de respostas, na qual são incluídas as aparentemente diferentes estratégias, é facilitar sua extinção. Outro ponto central da metáfora é o panorama da condição que a linguagem promove, por causa do aspecto do contexto da literalidade: uma emboscada na tentativa de controle dos eventos encobertos, no sentido de que parece que é possível, mas acaba piorando a situação. No final, o clínico indica que a solução efetiva não é o que o cliente acha e vem tentando, inclusive que suas estratégias são as produtoras de seus problemas.

Diante desta metáfora, provavelmente o cliente comece a indagar sobre qual seria a saída do buraco, de seu problema, mas neste momento a resposta deve direcioná-lo a identificar o que não está funcionando, o que não é a saída, e que colabora para intensificar o controle da grande classe dos eventos encobertos. O clínico pode responder da seguinte forma:

– Eu não sei, mas sei que isto que você vem fazendo não é, porque você me disse que não está funcionando.

A própria interrogação do cliente pode ser posta à prova perguntando se esta estratégia de pedir uma solução para os seus problemas para outras pessoas funciona ou não.

O cliente pode também adotar uma postura de desistência generalizada. Neste caso deve-se discutir a eficácia disto e os comprometimentos de "viver no buraco". Outras respostas como a necessidade de rever o passado, culpar-se, ou responsabilizar-se como se a situação fosse um castigo são tratadas do mesmo modo, recorrendo à discussão da eficácia da postura através da própria linguagem da metáfora, incentivando a desistência do padrão de controle dos eventos encobertos, fazendo-o "largar a pá".

Todas essas reações indicam barreiras do cliente para desistir do sistema de resolução de seus problemas. Estas são tratadas através da metáfora, sempre focalizando a eficácia e em suas desistências caso não estejam funcionando. O cliente pode, por sua história de coerção, apresentar a crença de que ele não é hábil para responder diferentemente, isto é, sem evitar os eventos encobertos aversivos, de que nada mais funcionará, situação na qual deve voltar-se para a metáfora que o conduz a "largar a pá".

A metáfora utilizada para exemplificar as barreiras do cliente, sua luta em ceder, é a do "Ruído do Microfone".

Ruído do Microfone

Você sabe aquele som horrível que os microfones às vezes fazem? Isto acontece quando o microfone está posicionado muito perto do falante. Então quando a pessoa no palco faz apenas um sonzinho, ele vai para o microfone; o som vem do amplificador do falante e volta para o microfone, um pouco mais alto do que da primeira vez, e com a velocidade do som e da eletricidade ele se torna cada vez mais alto até que em um segundo ele fica insuportavelmente alto. A sua luta com os seus pensamentos e sentimentos é parecida com este ruído. Então o que você faz? Você faz o que qualquer um de nós faria. Você tenta viver a sua vida (fale sussurrando) bem quieto, sempre sussurrando, andando nas pontas dos pés pelo palco, esperando que se você for muito, mas muito quieto mesmo não haverá o ruído. (Falando normalmente) Você mantém o volume baixo de inúmeras formas: drogas, álcool, evitando, se afastando, e assim por diante. [Use itens que se encaixam na situação do cliente.] O problema é que esta é uma horrível forma de se viver, sempre nas pontas dos pés. Você não pode de fato viver sem fazer barulho. Mas note que nesta metáfora, o problema não é a quantidade de barulho que você faz. O problema é o amplificador. Nosso trabalho aqui não é ajudá-lo a viver a sua vida quieto, livre de todo o desconforto emocional e dos pensamentos perturbadores. Nosso trabalho é achar o amplificador e tirá-lo de circuito.

(HAYES; STROSAHL; WILSON, 1999, p. 108)

Esta metáfora demonstra como o evitar sentimentos e pensamentos funciona. Eles ocorrem e eventualmente algo desagradável surge, um evento aversivo, e mais uma vez é apresentada a condição da linguagem que nos faz evitá-los, gerando o problema (o amplificador). Nesta metáfora, a ênfase é na limitação gerada pela tentativa de evitar os eventos encobertos, e é dado o primeiro indício de solução, de objetivo terapêutico: tirar o amplificador de circuito, isto é, a desistência da lutar com os eventos encobertos aversivos.

Nesta etapa da desesperança criativa não é esperada nenhuma mudança por parte do cliente. Este tem apenas que perceber o seu sistema de resolução de problemas ineficaz. O confronto deste sistema deve se dar com a experiência do cliente, e nunca entre o cliente e o clínico. Para o cliente é normalmente um alívio identificar a sua luta e reconhecer o padrão comportamental gerador de seus problemas; o clínico não precisa ficar receoso com esta constatação, ou por estimular o confronto; não se trata de algo artificial e sim de um esclarecimento.

De acordo com o caso, é aconselhável o uso de "lições de casa", quando o cliente mostra-se disponível a isto. A lição não tem como objetivo provocar mudanças, mas promover um automonitoramento que dê suporte às conversas da sessão. Segue abaixo um exemplo de "lição de casa":

> Uma coisa que você pode fazer até a próxima sessão é prestar atenção em como você vem levando esta luta no dia a dia. Veja se você pode apenas perceber as coisas que você normalmente faz; todas as formas como você cava. Tendo uma noção do que é cavar, para que cavar e porque isto é importante para você. Mesmo se você largar a pá, você provavelmente irá descobrir que certos velhos hábitos são tão fortes, que a pá volta para a sua mão em instantes. Então nós teremos que largar a pá várias e várias vezes. Você pode até fazer uma lista para nós vermos na próxima sessão, com todas as coisas que você vem fazendo para moderar, regular, e resolver seus problemas. Distrações, se culpar, se convencer a sair da situação, evitar situações, e assim por diante. Eu não estou pedindo para você mudar as suas ações, somente tente observar como e quando elas aparecem.
> (HAYES; STROSAHL; WILSON, 1999, p. 112)

Esta lição de casa propicia a auto-observação e a identificação das situações em que o cliente utiliza-se de controle dos eventos encobertos, além de coletar informações úteis para as conversas na sessão seguinte.

A etapa da *Desesperança criativa* continua até que o cliente perceba que o seu sistema de resolução de problemas o move em círculos, quando ele percebe que está acionando este sistema e quando apresenta uma abertura para soluções alternativas. Este sistema de resolução de problemas denomina-se controle, ou de forma mais específica, controle dos eventos encobertos aversivos.

O controle é o problema, não a solução

O motivo pelo qual a maioria das pessoas utiliza controle sobre os eventos encobertos é que ele costuma funcionar muito bem nos eventos abertos. A cultura nos ensina que esta é uma prática eficaz, que parece funcionar para as outras pessoas e até mesmo com alguns eventos encobertos, (os que não têm relevância para a pessoa). Outro motivo é o fato do controle funcionar em curto prazo, sendo assim um reforço negativo significativo. Porém esta estratégia de resolução de problemas resulta em condições piores do que aquelas que a originam. Por isto o objetivo deste estágio é nomear as estratégias de controle dos eventos encobertos, criando uma grande classe de respostas, e modificar o contexto em que estas regras culturais sobre o controle encontram-se, para proporcionar uma nova relação com os eventos encobertos.

O foco clínico neste estágio é ajudar o cliente, que neste ponto normalmente está confuso em relação a como "sair do buraco" e "desconectar o amplificador", a identificar o controle nas suas estratégias, a perceber como a cultura colabora através da linguagem com as estratégias de controle, relembrá-lo de que estas estratégias funcionam apenas a curto prazo, alertá-lo para o fato de que evitar e escapar de emoções são as principais formas de controle dos eventos encobertos, e que a saída é aceitar estes mesmos eventos dos quais tendemos a fugir, pois quanto mais exercemos controle sobre os eventos encobertos, menos o temos sobre nossas vidas.

Esta etapa é marcada pela característica do contexto de literalidade dos estímulos verbais que aparece no controle sobre os eventos encobertos, podendo ser resumida na seguinte frase: quanto menos se está disposto a ter, mais se tem, isto é, quanto mais se quer evitá-lo, negá-lo, se esquivar ou fugir dele, mais presente este assunto estará na vida do indivíduo. A metáfora do detector de mentiras é a mais utilizada para explicar esta característica.

Detector de Mentiras

Suponha que eu tenha arranjado o melhor detector de mentiras que já inventaram. Esta é uma máquina perfeita, a mais sensível de todas. Quando você estiver conectado a ela, não há como ficar agitado ou ansioso sem que a máquina não detecte. Então eu te digo que você tem uma tarefa muito simples aqui: tudo que tem que fazer é se manter relaxado. Se você ficar somente um pouquinho ansioso, contudo, eu vou saber. Eu sei que você vai se esforçar, mas quero te dar um incentivo extra, então eu também tenho uma arma que vou apontar para a sua cabeça. Se você ficar relaxado eu não vou estourar seus miolos, mas se você ficar nervoso, (e saberei, pois você está conectado a esta máquina perfeita), eu terei que te matar. Então apenas relaxe!... O que acha que vai acontecer?... Adivinha como você vai estar?... Um pinguinho de ansiedade será horripilante. Você naturalmente diria, "Meu Deus, estou ficando ansioso! Agora vem!" Bumm! Como poderia ser de outra maneira?

(HAYES; STROSAHL; WILSON, 1999, p. 123)

Embora esta metáfora retrate uma situação "esdrúxula", evidencia que o controle dos eventos encobertos só é eficaz em situações irrelevantes. Quando o assunto ganha maiores proporções, as estratégias de controle tendem a aumentar, entrando num ciclo vicioso que pode chegar a restringir consideravelmente a vida do indivíduo.

Outro exercício utilizado nesta etapa é o do "Bolo de Chocolate":

Bolo de Chocolate

Suponha que eu te diga agora para não pensar em algo. Eu vou te dizer daqui a pouco, e quando o fizer, não pense nisso nem por um segundo. É agora. Lembre-se, não pense nisso. Não pense em... bolo de chocolate quentinho! Sabe aquele cheiro quando ele sai do forno... Não pense nisso! O gosto da calda de chocolate quando você dá a primeira mordida... Não pense nisso! E aquela fatia fofinha, quente e levemente úmida colocada no prato... Não pense nisso! É muito importante que você não pense em nada disso!

(HAYES; STROSAHL; WILSON, 1999, p. 124)

Outra noção que se pretende que o cliente perceba nesta fase é que estímulos encobertos inicialmente irrelevantes são facilmente relacionados, e passam a constituir arbitrariamente nossa história de vida. Tal noção é especialmente útil para clientes que corriqueiramente remetem-se a suas histórias de vida para justificar seus problemas e estratégias de resolução. Segue um trecho de sessão com um exercício interessante para este tipo de situação de racionalização:

Quais são os números?

Terapeuta: Suponha que eu vá até você e diga, "eu lhe darei três números para que você os lembre. É muito importante que você os lembre, porque daqui a vários anos eu irei chamá-lo e perguntar 'quais são os números?'" Se você souber responder, eu irei lhe darei um milhão de dólares. Então, lembre-se, isto é importante. Você não pode se esquecer. Isto vale um milhão. OK. Aqui estão os números: preparado? Um,... dois,... três. Então quais são os números?

Cliente: Um, dois, três.

Terapeuta: Bom. Agora não os esqueça. Se você se esquecer, irá lhe custar muito. Quais são eles?

Cliente: (risadas) De novo, um, dois, três.

Terapeuta: Ótimo. Você acha que você conseguirá se lembrar deles?

Cliente: Eu acho que sim. Se eu realmente acreditar em você, eu irei.

Terapeuta: Então acredite em mim. Um milhão de dólares. Quais são os números?

Cliente: um, dois, três.

Terapeuta: Certo. Agora se você realmente acredita em mim (na verdade eu menti) é bem provável que você lembre destes números bobos por muito tempo.

Cliente: Claro.

Terapeuta: Mas isto não é ridículo? Quero dizer, só porque alguém quer provar algo, você pode passar o resto da sua vida com "um, dois, três." Por causa de nada que tenha a ver com você. Somente um acidente. E porventura, você me tem como terapeuta, e a próxima coisa que você tem são números rodando na sua cabeça por sabe lá quanto tempo. Quais são os números?

Cliente: Um, dois, três.

Terapeuta: Certo. E uma vez que eles estão na sua cabeça, eles não irão embora. Nosso sistema nervoso funciona por adição, não por subtração. Uma vez que as coisas entram, estão dentro. Dê uma olhada. Se eu te dissesse que é muito importante que você tivesse a experiência de que os números não são um, dois, três. Tudo bem? Então eu irei te perguntar sobre os números, e eu quero que responda de uma forma que não tenha absolutamente nada a ver com um, dois, três. Ok? Agora, quais são os números?

Cliente: Quatro, cinco, seis.

Terapeuta: E você fez o que lhe pedi?

Cliente: Eu pensei "quatro, cinco, seis," e disse.

Terapeuta: E você cumpriu com o que eu disse? Deixe-me perguntar desta forma: como você sabe que quatro, cinco, seis é uma boa resposta?

Cliente: (risadas) Porque não é um, dois, três.

Terapeuta: Exato! Então quatro, cinco, seis ainda têm relação com um, dois, três, e eu te pedi para não fazer isto. Então vamos tentar novamente. Pense em qualquer coisa, exceto um, dois, três – tenha certeza de que sua resposta não se relaciona de forma alguma com um, dois, três.

Cliente: Eu não consigo.

Terapeuta: Eu também não. Nosso sistema nervoso funciona apenas por adição – a não ser que você faça uma lobotomia ou algo do gênero; quatro, cinco, seis é só uma adição a um, dois, três; um, dois, três está aí, e estes números não irão embora. Quando você tiver oitenta anos eu irei até você e direi, "quais são os números?" E você muito provavelmente dirá, "um, dois, três", simplesmente porque algum tonto te disse para se lembrar! Mas não é somente um, dois, três. Você tem todo tipo de pessoas te dizendo todo tipo de coisas. Sua mente funciona através de todos os tipos de experiência. (inclua assuntos relevantes para o cliente, como "então você pensa, 'eu sou ruim', ou, 'eu não me encaixo aqui'. Mas como você sabe que isto não é mais um exemplo de um, dois, três? Algumas vezes você nota que estes pensamentos estão com a voz dos seus pais ou estão conectados com coisas que as pessoas te falam?") Se você não é nada mais do que suas reações, você está em apuros. Porque você não escolhe quais serão suas reações, você não controla o que aparece, e você tem todos os tipos de reações que são idiotas, depreciativas, maldosas, assustadoras, e assim por diante. Você jamais conseguirá ganhar este jogo.

(HAYES; STROSAHL; WILSON, 1999, p. 126-127)

Este trecho mostra como o nosso sistema nervoso opera apenas por adição, isto é, uma vez que os eventos encobertos desagradáveis estejam presentes, não há controle que os elimine efetivamente. Uma vez compreendida esta situação: de certa arbitrariedade na história de vida, da impossibilidade de controle efetivo dos eventos encobertos e que quanto mais esforço para não tê-los, mais eles irão persistir; resta somente uma alternativa – a aceitação dos eventos encobertos desagradáveis.

O cliente deve ser conduzido a olhar para a sua experiência e, em conjunto com os exercícios e metáforas, constatar o fracasso de suas estratégias de controle dos eventos encobertos. A alternativa às estratégias é se permitir viver, não passivamente, nem de forma tolerante, mas realmente vivenciar os eventos encobertos, quaisquer que eles sejam. Para que o cliente consiga estabelecer este novo tipo de relação com seus eventos encobertos, existem exercícios, metáforas e discussões nas fases da *Aceitação* e *Desfusão* que constituem o lado esquerdo do hexágono de flexibilidade psicológica.

Cabe lembrar que o indivíduo, ao entrar em contato com os eventos encobertos desagradáveis, sentirá desconforto. Antes de seguir para as próximas fases, faz-se necessário uma discussão sobre o que é este desconforto. Hayes, Strosahl e Wilson (1999) definiram dois tipos de desconforto:

- desconforto *limpo*, quando é proveniente das experiências da vida do indivíduo e tendem a ir e vir com o tempo;
- desconforto *sujo*, que é o desconforto emocional gerado por evitar eventos encobertos desagradáveis.

O cliente precisa estar ciente de que ao vivenciar os eventos encobertos desagradáveis terá o desconforto *limpo*, comum na condição humana. Uma conversa com o cliente a este respeito mostra-se necessária para a continuidade do tratamento.

Caixa Cheia de Coisas

Terapeuta: Suponha que nós temos esta lata de lixo aqui (pegue uma caixa ou lata de lixo). Este (ponha pequenos itens dentro da caixa, alguns legais e outros repulsivos) é o conteúdo da sua vida. Todas as suas programações. Há algumas coisas úteis aqui. Mas também há caixas velhas de cigarro e lixo. Agora vamos dizer que há algumas coisas aqui que são realmente asquerosas. Como seu primeiro divórcio (use especificidades do cliente). Isso seria como isto (assoe seu nariz num lenço e ponha na caixa). O que apareceria?

Cliente: Eu pensaria em outra coisa.

Terapeuta: Está bem. Então é isso (pegue um item e ponha dentro da caixa). O que apareceria?

Cliente: Eu odeio isto.

Terapeuta: Ok, então é isso (pegue um item e ponha dentro da caixa). O que mais?

Cliente: Eu tenho que me livrar disso.

Terapeuta: Está bem, então é isto (pegue um item e ponha dentro da caixa. Dependendo do cliente, esta sequência pode continuar por um tempo). Você vê o que está acontecendo? Esta caixa está ficando bem cheia, e perceba que vários destes itens estão relacionados com aquele primeiro asqueroso. Repare que a primeira peça não está ficando menos importante, está ficando cada vez mais importante. Porque nós não funcionamos por subtração, quanto mais você tenta subtrair um item, você acaba adicionando mais itens relacionados ao item antigo. Mas uma coisa é verdade, alguns destes itens você pode deixar de lado e praticamente não os ver mais, porém está tudo dentro da caixa. Deixar algumas coisas de lado parece algo lógico a se fazer. Todos nós fazemos. O problema é que, devido à caixa ser você, em algum nível a caixa sabe, está em contato, literalmente perto das coisas ruins que você deixou de lado. Mas se as coisas que você deixou por aí são realmente ruins, é realmente importante que não sejam vistas. Todavia isto significa que quaisquer coisas que tenham a ver com elas não podem ser vistas e, então, também têm que ficar de lado. Logo você tem que evitar situações que o levem a estas coisas. Gradualmente a sua vida vai ficando cada vez mais restrita, sem poder olhar para os lados. E repare que isto não muda o modo como funcionamos, somente adiciona a isto. Você somente está deixando mais uma coisa por aí. Há cada vez mais coisas que você não pode fazer. Você vê o custo disso? Isto distorce sua vida. Agora a questão não é que você precise recolher deliberadamente todas as coisas de volta, a questão é que viver saudavelmente irá naturalmente agregar algumas coisas, e você tem a escolha de deixá-las de lado novamente ou seguir em frente com sua vida estando aberto para isto.

(HAYES; STROSAHL; WILSON, 1999, p. 136-137)

Durante toda esta fase, o terapeuta deve tratar o cliente com respeito, dignidade e cautela, aceitando que este provavelmente estará estagnado em sua situação. Apesar do controle dos eventos encobertos desagradáveis ser um problema real na vida do cliente, na terapia não é uma questão de quem está certo (terapeuta) ou errado (cliente), mas de permitir que a própria experiência do cliente seja a guia de suas conclusões, evitando assim intelectualizações.

Os indícios de que o cliente está pronto para a próxima fase são: quando este demonstra aceitar situações (eventos encobertos) que antes controlava, quando fica mais atento para eventos internos que ocorrem nas situações, se mantém no momento presente e não se perde nas respostas condicionadas, e quando relata viver sentimentos como tais. Esta fase dura cerca de meia a duas sessões. Caso necessário, o terapeuta pode indicar "lições de casa" a serem feitas entre as sessões, de acordo com as dificuldades do cliente de observar e descrever sua experiência:

Diário das vivências cotidianas					
Dia	Qual foi a vivência?	O que você estava sentindo no momento?	Quais eram seus pensamentos no momento?	Quais eram suas sensações corporais no momento?	O que você fez para lidar com seus sentimentos, pensamentos e sensações corporais?
Segunda-feira					
Terça-feira					
Quarta-feira					
Quinta-feira					
Sexta-feira					
Sábado					
Domingo					

(HAYES; STROSAHL; WILSON, 1999, p. 143)

Diário da aceitação cotidiana
No final de cada dia, dê uma nota para os seguintes aspectos do seu dia:
Chateações – (por exemplo, ansiedade, depressão, preocupação) 1 = nada até 10 = extremamente ....
Luta – Quanto você se esforçou para se livrar (de sentimentos, pensamentos ou sensações corporais) 1 = nada até 10 = extremamente ....
Como funcionou – Se a vida fosse sempre como este dia, quanto você faria o que fez hoje. Faz parte de uma forma de viver vívida e funcional? 1 = não funcionou nada até 10 = funcionou perfeitamente
Comentários:

(HAYES; STROSAHL; WILSON, 1999, p. 143)

Exercício de identificação de funcionamento

Nós não podemos voltar para trás e reescrever nosso passado. A história, como pensamentos e sentimentos automáticos, é uma questão que requer aceitação e não controle. Através do funcionamento que nós acumulamos em nossa vida, entretanto, podemos amplificar muito a relevância da história no presente. Por exemplo, se sua mãe disse-lhe que você era mau quando você ficou irritado, você muito provavelmente está carregando um pouco do funcionamento que está dizendo-lhe a mesma coisa. O fato de que você está levando isto consigo não é o problema. O complicado é que nós tendemos a perder a perspectiva e nos tornarmos "fundidos" com estes funcionamentos históricos. Crenças automáticas que nosso modo de funcionar nos diz, faz com que percamos a identificação com nós mesmos, como o contexto no qual estes eventos históricos todos ocorreram. A natureza histórica destas experiências não faz delas mais verdadeiras, ou as avaliações em que nós nos baseamos através delas não as fazem mais "corretas" do que qualquer outro tipo de experiência. Elas são conteúdos acumulados, e como todo conteúdo, podem ser úteis em algumas situações e não em outras. A fim de determinar sua utilidade, entretanto, é necessário ampliar nossa perspectiva sobre elas.

Exercício:

1. Pense sobre um evento significativo emocionalmente difícil em sua infância. Escreva-o abaixo.
2. Agora veja se você pode identificar algum funcionamento na sua vida atual que esteja relacionado com este evento. O que você concluiu sobre como o mundo funcionava? O que você concluiu sobre si mesmo? Você formulou alguma outra regra baseada nesta experiência? Escreva abaixo tudo que pode identificar.
3. Repita o exercício com no mínimo mais um evento.
4. Traga à terapia na próxima sessão.

(Hayes; Strosahl; Wilson, 1999, p. 144)

Exercício de sentir-se bem

Instrução: aqui estão listadas crenças sobre momentos ruins da vida, por exemplo: sentir-se mal, ter pensamentos e memórias indesejáveis, sensações físicas desagradáveis. Para cada par de crenças, assinale aquele que é mais próximo de como você vê hoje em dia os momentos de sua vida.

_____1a. Experiências negativas farão você sofrer se não se livrar delas em algum momento.

_____1b. Experiências negativas não irão fazer você sofrer, mesmo se elas o fizerem se sentir mal.

_____2a. Quando experiências negativas ocorrem, o objetivo é fazer algo para controlá-las para elas prejudicarem menos você.

_____2b. A tentativa de controlar experiências negativas cria problemas; o objetivo é deixar elas como estão, e elas mudarão como parte natural da vida.

_____3a. O modo de lidar com experiências negativas é entender porque eu as tenho, e usar este conhecimento para eliminá-las.

_____3b. O modo de lidar com as experiências negativas é reparar que elas estão presentes sem necessariamente analisá-las ou julgá-las.

_____4a. O modo de ser saudável é aprender cada vez mais a controlar e eliminar momentos negativos.

_____4b. O modo de ser saudável é aprender a ter momentos negativos e viver de forma eficaz.

_____5a. A inabilidade de controlar ou eliminar reações negativas é um sinal de fraqueza.

_____5b. A necessidade de controlar experiências negativas é um problema.

_____6a. A ocorrência de experiências negativas é um sinal claro de problemas pessoais.

_____6b. A ocorrência de experiências negativas é uma parte inevitável de estar vivo.

_____7a. Pessoas que estão em controle de suas vidas conseguem geralmente controlar como reagem e se sentem.

_____7b. Pessoas que estão em controle de suas vidas não precisam tentar controlar suas reações e sentimentos.

(HAYES; STROSAHL; WILSON, 1999, p. 145)

Exercício das regras do jogo
Cada um de nós usa certas regras básicas sobre como a vida é para nos ajudar a guiar nosso modo de funcionar. Porém estas regras são amplamente arbitrárias, e nós tendemos a vê-las como absolutamente verdadeiras. Dizer coisas como, "sem sofrimento não há ganho", ou "querer é poder", tem um impacto profundo no modo como nos vemos e vemos a própria vida.

Neste exercício, por favor, despenda algum tempo para identificar as regras básicas (talvez a forma de dizer) as quais você usa em cada área abaixo:

1. Regras sobre relacionamentos com outras pessoas (por exemplo, confiança, lealdade, competição).

2. Regras sobre sentir-se mal.

3. Regras sobre superar obstáculos na vida.

4. Regras sobre "justiça" na vida.

5. Regras sobre o seu relacionamento com você mesmo.

(HAYES; STROSAHL; WILSON, 1999, p. 146)

Diário de desconforto limpo x sujo				
Instruções: todas as vezes que você estiver numa situação em que se sinta estagnado ou que esteja lutando com seus sentimentos ou pensamentos, por favor preencha as seguintes colunas:				
Situação	(Desconforto limpo) Minhas primeiras reações	Nível de sofrimento	(Desconforto sujo) O que eu fiz com minhas reações	Novo sofrimento
O que aconteceu para que isto começasse?	O que imediatamente apareceu de sentimentos, pensamentos memórias e sensações corporais?	Dê uma nota para o seu sofrimento imediato numa escala de 1 a 100 (1= nada de sofrimento, e 100= sofrimento extremo).	Eu lutei contra as coisas que não gosto? Eu me critiquei? Eu tentei resolver minhas reações ou fingi que elas não existiam?	Dê uma nota para o seu novo sofrimento numa escala de 1 a 100.

(HAYES; STROSAHL; WILSON, 1999, p. 147)

Desfusão

Nesta fase serão tratados alguns pontos que se referem também à próxima fase – *Aceitação* – por serem assuntos interligados.

O objetivo desta fase é criar contextos para experiências em que as funções diretas e indiretas dos estímulos sejam evidentes. Todos os exercícios, metáforas e discussões têm como propósito distanciar o indivíduo dos conteúdos dos seus eventos encobertos. Este distanciamento ajuda a perceber os eventos encobertos como eles de fato são: pensamentos, sentimentos, memórias e sensações corporais, e não como determinantes de uma condição de sofrimento insolúvel. Tal impressão advém de práticas culturais e verbais. Tendemos a pensar e a falar de um determinado modo que implica nas tentativas de controle dos eventos encobertos, gerando o desconforto sujo, isto é, o sofrimento adicional que pode chegar às patologias psiquiátricas. Estas formas de pensar e falar serão discutidas nesta fase e se resumem à adoção dos eventos encobertos como causas do sofrimento (contexto de dar razão), concepção que necessita ser eliminada. A necessidade do controle dos eventos encobertos se deve à fusão com o conteúdo do evento, fusão esta entre aquilo que o indivíduo considera como identidade com o conteúdo de seus pensamentos, sentimentos, memórias e sensações corporais. A fusão ocorre novamente entre o fato (a experiência) e o relato deste (as palavras como pensamento ou ditas). Esta fusão é o processo de transformação de função entre estímulos (da experiência para a palavra, e da palavra para o status de característica da personalidade).

O foco desta fase é então a linguagem. Como esta proporciona fusão com os conteúdos verbais e é limitada para a compreensão de si mesmo e de nossa história. Dificulta, através das avaliações, vivenciar de forma direta as experiências, e como produto da comunidade verbal e em função do tipo de autoconhecimento que gera, tende a conduzir ao controle emocional e à atribuição de causa aos eventos encobertos.

O distanciamento buscado nesta fase não significa deixar de lado os eventos encobertos ou desconsiderá-los, e sim entendê-los como são, vivenciá-los como tais, para assim aceitá-los na fase seguinte (*Aceitação*).

O terapeuta não precisa discorrer sobre todas as discussões sobre fusão com o cliente. Seguem abaixo os temas que podem ser utilizados dependendo da necessidade do cliente, com seus respectivos exercícios e metáforas principais:

Atacando a confiança do cliente na linguagem

A linguagem, assim como nossos pensamentos em forma de palavras, são limitados tanto na apreensão do mundo, como no modo como são processados. Tendemos naturalmente a pensar, perceber e considerar mais os eventos negativos. Não porque somos pessimistas, mas por motivos de sobrevivência esta característica foi importante para nossa espécie estar aqui hoje. Hayes e seus colaboradores propõem esta discussão com a intervenção "Sua mente não é sua amiga".

Sua mente não é sua amiga

Você provavelmente já deve ter percebido que eu não sou um grande fã da mente. Não é que eu pense que a mente não é útil, é só que você não pode realmente viver sua vida efetivamente entre suas orelhas. Estou certo de que a mente evoluiu para nos fornecer uma forma mais elaborada de detectar ameaças para a nossa sobrevivência, e ela provavelmente ajudou a organizar grupos de pré-humanos de modo a conduzi-los a menos matanças, roubos, incestos, e assim por diante. Para uma coisa que a mente não evoluiu foi para ajudar os pré-humanos a se sentirem bem a respeito deles mesmos. Você sabe, é difícil imaginá-los sentados em volta do fogo, olhando para seus botões, se abraçando e se unindo. E se você olhar para estudos recentes dos processos do pensamento, o que você consistentemente vê é que uma grande porcentagem do conteúdo mental é negativo de alguma forma. Nós temos mentes que são construídas para produzirem conteúdos negativos a fim de nos avisar das ameaças. Nós teremos que considerar este paradoxo: sua mente não é sua amiga, e você não pode viver sem ela.

(HAYES; STROSAHL; WILSON, 1999, p. 151-152)

Considerando a arbitrariedade da linguagem

Já se iniciou a discussão deste tema com a metáfora "Quais são os números". Neste momento vale acrescentar que o modo como aprendemos verbalmente, as regras, tende a produzir uma insensibilidade às contingências não descritas na regra. No caso de pessoas que foram fortemente reforçadas por seguirem regras, isto implica em comportamentos com fatores aversivos pela desadaptação em função do não contato com as contingências vigentes. As relações verbais ocorrem com o mínimo de suporte do ambiente, favorecendo que regras equívocas ou não aplicáveis no contexto se mantenham facilmente. O aprendizado por contingência, pela experiência, embora não recomendado em todos os casos (quando demora muito tempo para chegar ao resultado da regra, quando as consequências podem ser letais, temporariamente remotas, acumulativas ou probabilísticas), proporciona uma forma de conhecimento mais genuína, que é impossível pela regra. Tal forma é exemplificada na metáfora "Achando um lugar para sentar".

Achando um lugar para sentar

Terapeuta: É como se você precisasse de um lugar para se sentar, e então você começa a descrever uma cadeira. Vamos dizer que você tem uma descrição realmente detalhada de uma cadeira. É uma cadeira cinza, tem partes de metal, e é coberta de tecido, uma cadeira muito resistente. Está bem. Agora você pode se sentar nessa descrição?

Cliente: Bem, não.

Terapeuta: Hummm. Talvez a descrição não seja detalhada o bastante. E se eu puder descrever a cadeira até o nível atômico. Então você poderia sentar-se na descrição?

Cliente: Não.

Terapeuta: Eis a questão, e verifique sua própria experiência: a sua mente tem lhe dito coisas como "o mundo é dessa maneira, e daquela maneira e seu problema é este e aquele, etc."? Descreve, descreve. Avalia, avalia, avalia. E enquanto isto você está ficando cansado. Você precisa de um lugar para se sentar. E sua mente continua mantendo descrições sempre mais elaboradas de cadeiras. Então ela diz a você, "sente-se." Descrições são boas, mas o que nós estamos procurando aqui é uma experiência, não uma descrição de uma experiência. A mente não é capaz de oferecer experiência, ela somente fala a nós sobre nossa experiência em outra parte. Então nós deixaremos sua mente descrever por ai, e neste meio tempo você e eu procuraremos um lugar para sentar.

(Hayes; Strosahl; Wilson, 1999, p. 153)

Removendo a função simbólica da linguagem

A função simbólica da linguagem é a função transformada pelo evento vivido da palavra correspondente. Esta função pode ser aversiva, e quanto mais fundido o estímulo com seu correspondente verbal, mais aversiva será a palavra, e consequentemente maior será a tentativa de fuga e esquiva desta. Para modificar a função do estímulo verbal, ou pelo menos enfraquecê-la, modifica-se o contexto em que está inserido, em outras palavras, cria-se outra experiência com este estímulo que seja incompatível com a aversiva. O exercício utilizado com este intuito é o "Leite, leite, leite."

Leite, leite, leite

Terapeuta: Vamos fazer um pequeno exercício. É um de olhos abertos. Eu pedirei que você diga uma palavra. Então você me diz o que vem na sua cabeça. Eu quero que você diga a palavra "leite." Diga-a uma vez.

Cliente: Leite.

Terapeuta: Bom. O que veio na sua mente quando você disse isto?

Cliente: Eu tenho leite em casa no refrigerador.

Terapeuta: Ok. O que mais? O que aparece quando nós dizemos "leite"?

Cliente: Eu o imagino – branco, num copo.

Terapeuta: Bom. O que mais?

Cliente: Eu posso sentir o gosto, em parte.

Terapeuta: Exatamente. E você pode perceber que se parece como estar bebendo um copo? Frio. Leitoso. Dentro da sua boca. Soa como "glug, glug" quando você bebe. Não é?

Cliente: É.

Terapeuta: Certo, vamos ver se isto se encaixa. O que apareceu na sua mente eram coisas sobre o leite real e sua experiência com ele. Tudo o que aconteceu é que nós fizemos um som estranho – leite – e muitas destas coisas surgiram. Observe que não há nenhum leite nesta sala. Nenhum. Mas o leite estava na sala psicologicamente. Você e eu o estávamos vendo, provando, sentindo – contudo somente a palavra estava realmente aqui. Agora, este é o exercício, se você estiver disposto a tentar. O exercício é um pouco bobo, então você pôde se sentir um pouco embaraçado ao fazê-lo, mas eu pedirei a você que diga a palavra "leite," em voz alta, rapidamente, repetidamente, e então observe o que acontece. Você está disposto a tentar?

Cliente: Eu acho que sim.

Terapeuta: Está bem. Vamos fazer. Diga "leite" várias vezes. (Terapeuta e cliente dizem a palavra por 1 a 2 minutos, com o terapeuta incentivando periodicamente o cliente a continuar, a se manter dizendo a palavra em voz alta ou a ir mais rapidamente).

Terapeuta: Ok. Agora pare. Onde está o leite?

Cliente: Foi embora (risos).

Terapeuta: Você observou o que aconteceu aos aspectos psicológicos do leite que estavam aqui alguns minutos atrás?

Cliente: Após aproximadamente 40 vezes eles desapareceram. Tudo que eu pude ouvir era o som. Soou muito estranho – na verdade, eu tive uma sensação engraçada de que eu nem sabia qual palavra eu estava falando por alguns momentos. Soou mais como um som de pássaro do que uma palavra.

Terapeuta: Certo. O leitoso e frio simplesmente se foram. Da primeira vez que você disse esta palavra, era como se o leite estivesse realmente aqui, na sala. Mas tudo que realmente aconteceu foi que você disse uma palavra. Da primeira vez que você disse, foi realmente significativo, ela era quase sólida. Mas quando você a disse várias vezes, você começou a perder o significado dela e as palavras começaram a ser somente um som.

Cliente: É isto que aconteceu.

Terapeuta: Bem, quando você diz coisas para você mesmo, além de qualquer significado que tenham pela relação entre as palavras e outras coisas, não é também verdadeiro que estas palavras são apenas palavras? As palavras são somente fumaça. Não há nada de sólido nelas.

(HAYES; STROSAHL; WILSON, 1999, p. 154-155)

Este exercício pode ser feito também com palavras com que o cliente esteja se fundindo para diminuir a função aversiva do estímulo verbal.

Objetivando os estímulos

Uma outra estratégia para aumentar a distância entre o estímulo verbal e a concepção de si mesmo do indivíduo é tornando como objetos o que é pensado e sentido. Isto aumenta a probabilidade de que o cliente se desvincule de características e acontecimentos que este já incorporou como seus. A própria mente pode ser objetivada e tratada como uma entidade para realçar a separação entre o que é pensado e a individualidade. A metáfora "Passageiros no ônibus" ilustra este tipo de estratégia.

Passageiros no ônibus

Suponha que há um ônibus e você é o motorista. Neste ônibus nós temos um grupo de passageiros. Os passageiros são pensamentos, sentimentos, estados corporais, memórias e outros aspectos da experiência. Alguns deles são assustadores, e estão vestidos com jaquetas de couro preto e possuem facas. O que acontece é que você está dirigindo e os passageiros começam a ameaçá-lo, dizendo-lhe o que você tem que fazer, para onde tem que ir. "Você tem que virar à esquerda," "você tem que ir para a direita" e assim por diante. A ameaça que eles têm sobre você é que se você não fizer o que eles dizem, eles virão da parte traseira do ônibus para a frente.

É como se você tivesse feito acordos com estes passageiros, e o acordo é, "você senta-se na parte traseira do ônibus e fica lá de modo que eu não possa vê-lo muito frequentemente, e eu farei o que você disser." Agora, se um dia você ficar cansado disso e disser, "eu não gosto disto! Eu vou jogar estas pessoas para fora do ônibus!" Você para o ônibus, e você vai para trás encarar os passageiros. Mas percebe que a primeira coisa que você tem que fazer é parar. Observe agora, você não está dirigindo para lugar algum, você somente está lidando com estes passageiros. E eles são muito fortes. Eles não pretendem sair, e você lida com eles, mas acaba sempre sem muito sucesso.

Eventualmente, você vai para trás com os passageiros, tentando fazer com que eles se sentem outra vez atrás onde você não pode vê-los. O problema com este acordo é que você faz o que eles mandam em troca de tê-los fora de sua vida. Muito em breve eles nem precisam te dizer, "vire à esquerda" – você sabe assim que você chega perto de uma curva à esquerda que os passageiros irão ficar em cima de você. Com o tempo você ficará bom o bastante até poder quase fingir que eles não estão no ônibus. Você apenas diz para si mesmo que à esquerda é a única direção que você quer ir. Entretanto, quando eventualmente eles aparecem, é com poder adicional em função do acordo que você fez com eles no passado.

Agora, a armadilha sobre tudo isto é que o poder que os passageiros têm sobre você é 100% baseado nisto: "Se você não fizer o que dizemos, nós apareceremos e faremos você olhar para nós." É isto. É verdade que quando eles aparecem é como se pudessem fazer muito mais. Eles têm facas, correntes, e assim por diante. Dá a impressão de que você poderia ser destruído. O acordo que você fez é para você fazer o que dizem, assim eles não virão para o seu lado e nem o farão olhar para eles. O motorista (você) tem o controle do ônibus, mas você perde este controle nesse acordo secreto com os passageiros. Em outras palavras, na tentativa de ter controle, você na verdade abriu mão do controle! Observe que embora os passageiros afirmem que podem destruí-lo se você não virar à esquerda, isto nunca aconteceu realmente. Estes passageiros não podem obrigá-lo a fazer algo contra a sua vontade.

(Hayes; Strosahl; Wilson, 1999, p. 157-158)

Uma derivação deste exercício é a sua utilização em grupo, com outras pessoas representando os pensamentos e sentimentos perturbadores. O motorista é incentivado a ir na direção desejada mesmo tendo que ouvir os conteúdos anteriormente evitados.

Diferenciando Avaliação de Descrição

A descrição das contingências é muito útil para entendê-las, porém o julgamento destas, a avaliação, produz fusão cognitiva. Quando avaliamos, estamos na verdade adicionando uma função a um estímulo, transferindo-a de um evento agradável ou desagradável com o qual se compara o estímulo avaliado. O problema é quando a associação é aversiva e gera respostas de fuga e esquiva. Porém independente de qual seja a relação entre os estímulos, é aconselhável que estes sejam experienciados com a mesma disponibilidade. A descrição, neste sentido, colabora demonstrando que as características valorativas não fazem parte de estímulo *a priori*, (com exceção de estímulos filogeneticamente aversivos, por exemplo, condições de temperatura discrepantes, privações, etc.). A metáfora "Copo mau" é uma maneira de conduzir esta discussão.

Copo mau

Há coisas em nossa linguagem que nos conduzem a batalhas psicológicas desnecessárias, e é bom perceber como isto acontece para que possamos aprender a evitá-las. Um dos piores truques que a linguagem nos apronta está na área das avaliações. Para que a linguagem funcione, as coisas têm que ser o que nós dizemos que são quando nós estamos no tipo de conversa em que se nomeia e descreve. De outra forma, não poderíamos nos comunicar. Se nós descrevermos algo especificamente, as nomeações não podem mudar até a forma do evento mudar. Se eu disser, "aqui está um copo," eu não posso então me voltar e afirmar que não é um copo mas sim é um carro de corrida, a menos que eu, de algum modo, mude o copo. Por exemplo, eu poderia amassar os materiais e usá-los como parte de um carro esportivo. Mas sem uma mudança na forma, isto é um copo (ou qualquer nome com que nós concordemos em chamá-lo) – a nomeação não muda ao acaso.

Considere agora o que acontece com conversas avaliativas. Suponha que uma pessoa diga, "este é um copo bom," ou "este é um copo bonito." Soa o mesmo como se essa pessoa estivesse dizendo, "este é um copo de cerâmica," ou "este é um copo de 8 reais." Mas é realmente a mesma coisa? Suponha que todas as criaturas vivas no planeta morram amanhã. Este copo é ainda um copo de cerâmica. Mas é ainda um copo bom ou um copo bonito? Sem alguém para ter tais opiniões, as opiniões se vão, porque bom ou bonito nunca estiveram no copo, mas sim na interação entre a pessoa e o copo. Mas observe como a estrutura da linguagem esconde esta diferença. Parece o mesmo, como se "bom" fosse o mesmo tipo da descrição que "cerâmica". Ambos parecem adicionar informação sobre o copo. O problema é que se você deixar "bom" ser esse tipo de descrição, significa que "bom" tem que ser o que o copo é, da mesma maneira que "cerâmica" é. Esse tipo de descrição não pode mudar até que a forma do copo mude. E se alguma outra pessoa disser, "Não, aquele é um copo terrível!" Se eu disse que é bom e você diz que é mau, há uma discordância que aparentemente tem que ser resolvida. Por outro lado, se "bom" for somente uma avaliação ou um julgamento, alguma coisa que você está fazendo com o copo em vez de algo que está no copo, faz uma grande diferença. Duas avaliações opostas podem facilmente coexistir. Não refletem algum estado da matéria impossível no mundo, tal como o copo ser ao mesmo

tempo de cerâmica e metálico. Ao contrário, refletem o simples fato de que os eventos podem ser avaliados como bons ou maus, dependendo da perspectiva. E, é claro, não é nenhum absurdo que uma pessoa possa ter mais de uma perspectiva. Nenhuma avaliação necessita prevalecer como no caso de um fato concreto.
(HAYES; STROSAHL; WILSON, 1999, p. 169)

Após esta metáfora, o terapeuta pode discutir os aspectos avaliativos que o cliente atribui aos eventos e a si mesmo, e como lida com eles: como descrições ou como avaliações.

Algumas ressalvas são necessárias nesta fase. A *Desfusão* deve ocorrer por parte do cliente, o terapeuta não deve convencê-lo a nada, apenas apontar as questões relevantes. O terapeuta não pode se fundir ao conteúdo do discurso do cliente. Caso isto aconteça, deve ser sincero com o cliente, e não usar de raciocínios lógicos com ele, mas apenas utilizar como exemplo a situação se contribuir para a sessão. Esta fase costuma evocar conteúdos aos quais o cliente pode ser bastante sensível. O tema é escolhido com cuidado e, a depender do cliente, evita-se o uso de várias metáforas, somente uma ou duas que o indivíduo melhor compreenda (é aconselhável a utilização de metáforas usadas anteriormente seguindo o intuito do tema). A(s) metáfora(s) escolhida(s) permeia(m) inclusive a discussão dos exercícios.

Os indícios de que o cliente está pronto para prosseguir na terapia é quando este relata antigos eventos encobertos aversivos como não tão aversivos, e quando se torna capaz de observar suas reações sem se fundir a elas.

Aceitação

A *Aceitação* é uma postura, uma ação, um modo de se relacionar com os eventos. Ela é vantajosa em situações em que o controle não é efetivo e que não podemos mudar. Este é o caso dos eventos encobertos e de nossa história de vida. Quanto às situações cotidianas mais práticas (abertas), a aceitação não é necessária uma vez que temos a possibilidade de controle.

Aceitar um evento encoberto é estar disposto a tê--lo, é possibilitar sua manifestação e não evitar entrar em contato com ele. Não é o mesmo que resignação, tomá-lo como uma certeza ou com tolerância, mas perceber o que está acontecendo com seus pensamentos e sentimentos sem perder de vista que são apenas pensamentos e sentimentos, sem se fundir a eles.

Aceitar os eventos encobertos tem duas grandes vantagens: o autoconhecimento – saber o que se passa consigo mesmo e como os acontecimentos repercutem nos pensamentos e sentimentos, possibilitando o acesso à experiência e consequentemente aprendendo através dela; e a neutralização da necessidade de fugir ou evitar estes eventos. Assim, em vez de se engajar numa atividade que desvie a atenção dos eventos encobertos, podemos direcionar nossas ações para algo almejado.

Na fase de *Desfusão*, os eventos encobertos diminuem suas dimensões de importância, de determinação, por serem considerados como o que de fato são: pensamentos, sentimentos e estados corporais. Na fase de aceitação, é treinada a convivência com estes eventos.

Estas duas fases, *Desfusão* e *Aceitação*, são partes fundamentais da ACT e constituem a filosofia, a proposta de solução de problemas subjacentes às técnicas. Trata-se de incentivar a convivência, sem defesas, com eventos encobertos, com o que se passa por dentro de nossa pele. O cliente chega à terapia em geral por ter passado por contingências que o afetaram alterando sua probabilidade de se comportar no futuro; quando as contingências são aversivas, ou o foram em algum momento no passado, ocorrem os efeitos já discutidos de evitar os eventos aversivos, eventos relacionados aos aversivos, agressividade, contracontrole e respondentes desagradáveis. Pela capacidade do ser humano conseguir fazer relações arbitrárias entre estímulos, desenvolveu a linguagem e com ela a possibilidade de relembrar eventos (inclusive os aversivos) e comparar estímulos (avaliar), ampliando consideravelmente a gama de eventos aversivos e seus efeitos. Consequentemente, a partir de uma história com componentes aversivos significativos, o indivíduo os amplifica e cria outros através da avaliação / comparação, ocasionando uma diminuição do repertório e uma prevalência de contingência de reforçamento negativo, isto é, o indivíduo se comporta para evitar ou fugir dos eventos desagradáveis. Quando os eventos desagradáveis estão fora da pele, estes comportamentos muitas vezes são considerados adaptativos, porém nos encobertos este controle não é efetivo, gerando mais limitações. A proposta da ACT é então quebrar este curso de acontecimentos quando o efeito da aversividade repercute nos eventos encobertos e na linguagem. Em vez de evitá-los ou tentar mudá-los (os eventos encobertos), podemos vivenciá-los, sem atribuir uma importância de "realidade", no sentido deles não serem os comportamentos punidos do passado, mas comportamentos de pensar e sentir, e com isto quebra-se também o curso de ação de fuga e esquiva destes. Assim o indivíduo pode escolher suas ações na direção de seus valores, daquilo que ele quer em vez de se comportar para fugir do que não quer.

Os exercícios desta fase têm o intuito de praticar com intencionalidade este modo de se relacionar com os eventos encobertos desagradáveis – a aceitação. A meditação é uma ótima estratégia para o cliente entrar em contato com seus pensamentos e sentimentos, apenas os percebendo e observando quando ocorrem, sem desviar a atenção e nem se engajar neles. Seguem abaixo alguns exercícios e discussões sobre a aceitação e a linguagem:

Utilizando objetos para representar pensamentos e sentimentos

A utilização de objetos que representem pensamentos e sentimentos perturbadores é útil para exemplificar a relação que o cliente estabelece com eles e constatar que mesmo evitando-os, o cliente ainda está em contato com eles.

O terapeuta pode escrever pensamentos e sentimentos perturbadores em cartões, segurá-los na mão, aproximá-los do cliente e pedir para que ele os segure ou os afaste de acordo com sua vontade. O cliente provavelmente irá afastá-los empurrando-os com sua mão. O terapeuta discute com o cliente como é fazer este esforço e constata que mesmo afastando os cartões o cliente ainda está em contato com eles.

Outra variação deste exercício é perguntar se o cliente está disposto a segurar os cartões. Conversar a respeito de seus sentimentos enquanto os segura, e se necessário incluir novos cartões com estes sentimentos. Conforme a aceitação do cliente, o terapeuta pode fazer exercícios de *desfusão* se este mostrar-se receoso ao segurar os cartões, ou pedir para que o cliente carregue consigo os cartões até a próxima sessão, caso este estiver disposto.

"E" em vez de "MAS"

No decorrer das conversas, o cliente provavelmente se referirá à sentimentos ou pensamentos ambivalentes, isto é, contraditórios ou opostos entre si. Como por exemplo: "eu gosto do meu marido, mas ele me irrita às vezes." Este tipo de formulação indica que ambos os sentimentos (de apreciação e irritabilidade) são vistos como excludentes – se há um, não há o outro ou não deveria haver. Isto resulta numa necessidade de eliminar o sentimento (ou pensamento) negativo, passando do desconforto limpo para o sujo. Nesta situação é sugerido que em vez de usar a palavra "mas", seja usado o "e", seguindo o exemplo: "eu gosto do meu marido e ele me irrita às vezes". A conjunção "e" propicia uma sensação de integridade maior e cria uma flexibilidade psicológica no sentido de que indica que sentimentos e pensamentos podem aparecer, mesmo que contrários, com certa naturalidade.

Referindo-se a pensamentos e sentimentos como tais

No decorrer dos exercícios e discussões, o cliente geralmente recorre a explicações para sua história de vida e justificativas decorrentes do modo como costuma pensar. Nestas situações e em outras que o cliente esteja avaliando algo ou a si mesmo, cabe lembrá-lo de que isto é apenas um pensamento, e não necessariamente corresponde a fatos. Igualmente quando há a manifestação de emoções ou sentimentos, é interessante lembrá-lo de que estes são comportamentos do indivíduo, e não um fato. O terapeuta pode reformular a colocação do cliente começando a frase do seguinte modo: "você está me dizendo que está tendo um pensamento / sentimento...", ou simplesmente apontar o comportamento: "isto é um pensamento / sentimento". Uma vez estabelecida esta discriminação, o terapeuta realça também a relação do cliente com o conteúdo do pensamento ou sentimento, perguntando se o cliente esta se fundindo a ele: "você está 'comprando' este pensamento / sentimento?".

Este tipo de intervenção facilita que o indivíduo discrimine seus pensamentos e sentimentos, não se fundindo a eles, e possa conviver abertamente com seus eventos encobertos, aceitando-os.

O meio do hexágono

O meio do hexágono de flexibilidade psicológica é composto pelo *Contato com o Momento Presente* e o *Self como Contexto*. Estas duas fases são pré-requisitos para o trabalho das demais fases. Tanto para que o cliente consiga se "desfundir" de seus pensamentos e sentimentos, como para ele aceitá-los, identificar seus valores e agir de acordo com eles, ele precisa estar presente na sessão e ter uma perspectiva de si mesmo como um contexto em que ocorrem os pensamentos e sentimentos. Caso isto não aconteça naturalmente, o terapeuta deve dispor de um tempo para alcançar estes pré-requisitos com o cliente. As fases de *Contato com o Momento Presente* e do *Self como Contexto* oferecem discussão, exercícios e metáforas para chegar a estes objetivos.

Contato com o momento presente

O contato com o momento presente é fundamental para que qualquer técnica seja usada. O indivíduo precisa estar presente na situação para que possa vivenciar os exercícios ou compreender as metáforas. Para além da terapia também é vantajoso que o cliente saiba estar atento para os eventos que estejam acontecendo no momento. Estar no presente nos torna mais sensíveis às contingências vigentes, promove mais discriminações e nos torna mais hábeis para nos comportarmos de forma eficiente. Porém estamos acostumados a nos preocupar com o futuro ou remoer o passado, e são poucas as ocasiões em que estamos completamente no presente, o que é uma ironia uma vez que vivencialmente só existe o presente.

Entrar em contato com o momento presente é uma forma de voltar-se para a experiência, de estar sob controle das contingências, das funções diretas dos estímulos. Para explicar ao cliente como fazer isto, pode-se usar situações relatadas por ele em que estava em contato com o momento presente, ou referir-se às situações que costumam evocar este tipo de presença, como admirar um por do sol ou olhar para uma paisagem. Exercícios de meditação auxiliam o indivíduo a estar no presente, pois direcionam sua atenção para o ambiente (incluindo seu próprio corpo).

O contato com o momento presente envolve uma noção de si mesmo (*self*) como um contexto; o indivíduo é alguém que passa pelas experiências e é a constante na linha do tempo. Estas duas noções (estar em contato com o momento presente e o *self* como contexto) são intimamente ligadas e os exercícios e metáforas que os abordam são geralmente os mesmos. Para melhor compreendê-los, eles serão apresentados na fase *Self como Contexto* em que esta noção é colocada mais detalhadamente.

Self como contexto

Através da nossa capacidade humana de relacionar estímulos arbitrariamente, nós não só aprendemos a abstrair e avaliar o mundo, mas nós aprendemos a fazer isto com nós mesmos. A capacidade autorreflexiva gera uma concepção conceitual de si mesmo, isto é, nos autodefinimos como individualidade por conceitos, adjetivos valorativos como "sou simpática, chata, extrovertida, desajeitada, teimosa, etc." Pense em todos os aspectos que o definem como tal; todos eles são construções verbais de comparação entre estímulos, comparação esta entre os mais diversos estímulos e o estímulo que chamamos de "eu". A implicação deste self conceitual é que ele limita o repertório, a possibilidade de ação. Quando alguém diz ser introvertido, está indicando que há maior probabilidade de agir como tal. Estas formulações são autorregras que podem tornar a pessoa muito insensível às contingências. Assim, a situação muda e o indivíduo continua a se comportar como antes, sem se adaptar, pois este é quem ele "é". Na verdade nosso comportamento tende a mudar constantemente, somos seres mutáveis e graças a isto sobrevivemos.

A noção de *self* mais saudável é a de contexto, de perspectiva, é conceber a si mesmo como um observador dos eventos, o contexto no qual as experiências ocorrem. É o mesmo que dizer que o indivíduo passa pelas experiências e sua essência é justamente esta de expectador, e não as experiências. A perspectiva / expectador não envolve uma postura passiva, mas sim constitui a unidade de ação permanente através dos acontecimentos. Esta noção é positiva porque propicia a mudança por não estar relacionada a algum aspecto específico de personalidade, e por dar a segurança de que o indivíduo prové de um lado permanente, contínuo no tempo. Outra vantagem da concepção de *self* como contexto é a ênfase do indivíduo em contato com a experiência, com as funções diretas dos estímulos e não com formulações verbais destes (funções derivadas).

O foco clínico desta fase é explicitar que a concepção conceitual de si mesmo é inerentemente advinda de julgamentos, que conceber a si mesmo como um observador / expectador facilita o contato com os eventos encobertos desagradáveis, além de ir além das avaliações. Outro foco desta fase é demonstrar que o *self* como contexto é reconhecido na experiência e não através da lógica.

A metáfora mais utilizada nesta fase é a do "Tabuleiro de xadrez". Ela propicia que o cliente comece a entender do que se trata a concepção de self como contexto.

O tabuleiro de xadrez

Terapeuta: Imagine um tabuleiro de xadrez que vá infinitamente em todos as direções. É coberto com as peças pretas e as peças brancas. Elas trabalham juntas em times, como no xadrez – as peças brancas lutam contra as peças pretas. Você pode pensar que seus pensamentos, sentimentos e crenças são como estas peças; eles se agrupam em times também. Por exemplo, os sentimentos "maus" (como a ansiedade, depressão, ressentimento) se agrupam com pensamentos "maus" e memórias "más". A mesma coisa com os "bons". Então parece que a maneira com que o jogo acontece é que nós selecionamos o lado que nós queremos que ganhe. Nós colocamos as peças "boas" (como os pensamentos que são de autoconfiança, sentimentos de estar no controle, etc.) em um lado, e as peças "más" do outro. Então nós montamos no cavalo preto e vamos para a batalha, lutando para ganhar a guerra contra a ansiedade, depressão, pensamentos sobre usar drogas, o que quer que seja. É um jogo de guerra. Mas há um problema lógico aqui, e é nesta postura que uma parte enorme de você mesmo é seu próprio inimigo. Ou seja, se você precisa estar nesta guerra, há algo errado com você. E porque você parece que está no mesmo nível que estas peças, elas podem ser tão grandes ou maiores do que você é – mesmo que estas peças estejam em você. Assim, de algum modo, mesmo não sendo lógico, quanto mais você luta, maiores elas ficam. Se for verdade que "se você não estiver disposto a ter, você tem," então quanto mais você luta com estas peças, mais centrais elas se tornam na sua vida, mais habituais, mais dominadoras e mais conectadas com todas as áreas da sua vida. A ideia lógica é que você as tirará do tabuleiro o bastante para que eventualmente as domine – a não ser que sua experiência lhe diga que é exatamente o oposto o que acontece. Aparentemente, as peças brancas não podem ser deliberadamente retiradas do tabuleiro. Então a batalha continua. Você se sente sem esperança, você tem uma sensação de que você não pode ganhar, e mesmo assim você não pode parar de lutar. Se você estiver montado no cavalo preto, lutar é a única escolha que você tem, porque as peças brancas parecem ter sua vida ameaçada. Contudo, viver em uma zona de guerra não é uma maneira viver.

Enquanto o cliente se conecta a esta metáfora, ela pode ser dirigida/traduzida para a questão do self.

Cliente: ... Eu sou o tabuleiro?

Terapeuta: É útil olhar dessa maneira. Sem um tabuleiro, estas peças não têm nenhum lugar para ficar. O tabuleiro as sustenta. Por exemplo, o que aconteceria aos seus pensamentos se você não estivesse lá para perceber que você os pensou? As peças precisam de você. Elas não existem sem você – mas você as contém, elas não contêm você. Observe que se você for as peças, o jogo é muito importante; você tem de ganhar, sua vida depende disso. Mas se você for o tabuleiro, não importa se a guerra pare ou não. O jogo pode continuar, mas não faz nenhuma diferença para o tabuleiro. Como o tabuleiro, você pode ver todas as peças, você pode sustentá-las, você está intimamente em contato com elas; você pode ver a guerra começando da sua consciência, mas isto não importa. Não requer nenhum esforço.

(HAYES; STROSAHL; WILSON, 1999, p. 190-191)

Esta metáfora demonstra a diferença do conteúdo e do contexto em termos de *self*. Quando o indivíduo está fundido com o conteúdo de seus pensamentos e sentimentos, normalmente tem uma concepção de si mesmo conceitual;

na medida em que ele adota uma concepção de *self* como contexto, sua individualidade está na perspectiva dos eventos, e não dentro deles. No decorrer das sessões, quando o cliente estiver se fundindo com seus pensamentos e sentimentos, o terapeuta pode referir-se a esta metáfora, perguntando se ele está no nível das peças ou no do tabuleiro. Outra característica fundamental demonstrada nesta metáfora é que não é possível paz de espírito no nível das peças, de fusão com os eventos encobertos. As peças, os eventos verbais são inerentemente relacionados a outros e se avaliados / comparados, sempre haverá conflitos entre eles, pois sempre que houver um bom, é porque o outro é pior. Então somente há paz no nível do tabuleiro, do contexto.

Embora as metáforas ajudem, o *self* como contexto deve ser vivenciado para ser compreendido inteiramente. Para isto há o exercício "O observador":

O Observador

Nós iremos fazer agora um exercício que é uma maneira de começar a tentar experimentar esse lugar onde você não é sua programação. Não há como alguém falhar neste exercício; nós somente iremos olhar para qualquer coisa que você esteja sentindo ou pensando, então o que aparecer está certo. Feche os olhos, permaneça sentado na sua cadeira, e siga a minha voz. Se você se encontrar vagueando, apenas volte-se gentilmente para o som da minha voz. Por um momento agora, volte a sua atenção para você nesta sala. Imagine a sala. Imagine você nesta sala exatamente onde você está. Agora comece a ir para dentro de sua pele e a entrar em contato com seu corpo. Note como você está sentando na cadeira. Veja se você pode observar exatamente a forma que tomam as partes de sua pele que tocam a cadeira. Observe as sensações corporais que estão presentes. Enquanto você vê cada uma delas, somente tome conhecimento da sensação e permita que sua consciência continue (pausa). Observe agora qualquer emoção que você tiver, e se você tiver alguma, apenas a reconheça (pausa). Agora entre em contato com seus pensamentos e apenas assista-os silenciosamente por alguns momentos (pausa). Agora eu quero que você observe que enquanto você observou estas coisas, uma parte de você as observou. Você observou aquelas sensações... aquelas emoções... aqueles pensamentos. E essa parte de você nós chamaremos de "você observador". Há uma pessoa lá dentro, atrás desses olhos, que está ciente do que eu estou dizendo agora. E é a mesma pessoa que você tem sido a sua vida inteira. Num sentido profundo, este observador é o você que você chama de você.

Eu quero que você se lembre de algo que aconteceu no último verão. Levante o seu dedo quando você tiver uma imagem em mente. Bom. Agora apenas olhe ao redor. Recorde de todas as coisas que estavam acontecendo lá. Lembre-se da vista... os sons... seus sentimentos... e em quanto você faz isto, veja se você pode observar que você estava lá, observando o que você está observando. Veja se você pode perceber a pessoa atrás dos seus olhos que viu, e ouviu, e sentiu. Você estava lá, e você está aqui agora. Eu não estou pedindo que você acredite nisto. Eu não estou provando um ponto lógico. Eu apenas estou pedindo que você note a experiência de estar ciente e verifique, e veja se não é deste modo que em algum sentido profundo você que está aqui agora, estava lá. A pessoa ciente de que você está ciente está aqui agora e estava lá também. Veja se você consegue perceber a continuidade essencial – em algum sentido profundo, no nível da experiência, não da crença, você tem sido você sua vida inteira.

Eu quero que você se lembre de algo que aconteceu quando você era um adolescente. Levante seu dedo quando você tiver uma imagem na mente. Bom. Agora apenas olhe ao seu redor. Recorde todas as coisas que estavam acontecendo. Lembre-se da vista... os sons... seus sentimentos... demore o tempo que for. E quando estiver claro o que tinha lá, veja se você pode, apenas por um segundo, perceber que lá havia uma pessoa por trás de seus olhos que via, e ouvia, e sentia tudo isso. Você estava lá também, e veja se não é verdade – como uma experiência, não uma crença – que há como uma continuidade essencial entre a pessoa ciente de que você está ciente agora e a pessoa que estava ciente de que você estava ciente como um adolescente nessa situação específica. Você tem sido você sua vida inteira.

Finalmente, recorde algo que aconteceu quando você era uma criança razoavelmente nova, por exemplo, em torno de 6 ou 7 anos de idade. Levante seu dedo quando você tiver uma imagem na mente. Bom. Agora apenas olhe ao redor outra vez. Veja o que estava acontecendo. Olhe a vista... ouça os sons... sinta seus sentimentos... e então perceba o fato de que você estava lá, vendo, ouvindo, e sentindo. Observe que você estava lá de atrás de seus olhos. Você estava lá, e você está aqui agora. Repare e veja se em algum sentido profundo você que está aqui agora estava lá. A pessoa ciente de que você está ciente está aqui agora e estava lá também.

Você tem sido você sua vida inteira. Em toda parte você esteve, você esteve lá observado. Isto é o que eu quero dizer por "você observador". E desta perspectiva ou ponto da vista, eu quero que você olhe para algumas áreas de sua vida. Vamos começar com seu corpo. Observe como seu corpo muda constantemente. Às vezes está doente, e às vezes está bem. Pode estar descansado ou cansado. Pode estar forte ou fraco. Você uma vez foi um bebê pequenino, mas seu corpo cresceu. Você pode até mesmo ter tido partes de seu corpo removidas, como numa operação. Suas células morreram, e nem todas as células do seu corpo estavam lá quando você era um adolescente, ou mesmo no último verão. As sensações corporais vêm e vão. Mesmo enquanto estamos falando, elas mudam. Então se tudo isto está mudando e no entanto você que você chama por você tem estado aí sua vida inteira, isso deve significar que embora você tenha um corpo, tratando-se de uma experiência e não de uma crença, você não tem a experiência de ser somente o seu corpo. Então apenas observe seu corpo agora por alguns momentos, e enquanto você faz isto, de vez em quando observe que você é aquele que observa (dê ao cliente tempo para fazer isto).

Agora vamos para uma outra área: seus papéis. Observe quantos papéis você tem ou teve. Às vezes você está no papel de (exemplifique com papéis que o cliente tenha; por exemplo, "mãe... ou um amigo... ou uma filha... ou uma esposa... às vezes você é um trabalhador respeitado... outras vezes que você é um líder... ou um seguidor," etc.). No mundo de formatos, você está em algum papel toda hora. Se você tentar não estar, então você estará no papel de não estar num papel. Mesmo agora parte de você está num papel... o papel do cliente. Contudo, neste meio tempo, observe que você está também presente. A parte de você que você chama de você está prestando atenção e ciente de que você está ciente. E em algum sentido profundo, esta parte de você não muda. Então seus papéis estão mudando constantemente, no entanto você que você chama por você tem estado presente na sua vida inteira, embora você tenha papéis, você não experiencia ser seus papéis. Não acredite nisto. Isto não é uma questão de crença. Somente veja e observe a distinção entre o que você está olhando e você que está olhando.

Agora vamos para uma outra área: emoções. Observe como suas emoções estão mudando constantemente. Às vezes você sente amor e às vezes ódio, às vezes calma e então tensão, alegria – aborrecimento, felicidade – tristeza. Mesmo agora você pode estar experimentando emoções – interesse, tédio, relaxamento. Pense nas coisas de que você já gostou e de que não gosta mais; medos que uma vez você teve e que agora estão resolvidos. A única coisa de que você pode ter certeza em relação às emoções é que elas mudarão. Embora uma onda de emoção venha, ela passará com o tempo. Mesmo que estas emoções venham e vão, observe que em algum sentido profundo aquele "você" não muda. Ocorre que embora você tenha emoções, você não vivencia você mesmo sendo somente suas emoções. Permita-se perceber isto como um evento da experiência, não como uma crença. De alguma maneira muito importante e profunda você vivencia você mesmo como uma constante. Você é você através disso tudo. Então apenas observe suas emoções por um momento e enquanto você o faz, observe também que você as está observando (permita um período breve de silêncio).

Agora vamos para a área mais difícil. Seus próprios pensamentos. Os pensamentos são difíceis porque tendem a nos enganchar e nos puxar fora de nosso papel como observador. Se isto acontecer, apenas se volte para o som da minha voz. Observe como seus pensamentos estão mudando constantemente. Você costumava ser ignorante – então você foi à escola e aprendeu pensamentos novos. Você ganhou novas ideias e conhecimentos. Às vezes você pensa sobre as coisas de uma maneira e às vezes de outra. Às vezes seus pensamentos podem fazer um pouco de sentido. Às vezes eles parecem vir automaticamente, do nada. Eles estão mudando constantemente. Olhe para os seus pensamentos desde que você veio para cá hoje, e observe quantos pensamentos diferentes você teve. Mesmo assim, num sentido profundo você que sabe que você pensa não está mudando. Isto deve significar que embora você tenha pensamentos, você não experiência você mesmo como sendo apenas os seus pensamentos. Não acredite nisso. Apenas repare. E observe, mesmo enquanto você repara isto, que seu curso de pensamentos continua. E você mesmo assim pode se pegar neles. No entanto, no instante que você perceber isto, você também percebe que uma parte de você está atrás deles, prestando atenção neles todos. Então agora preste atenção nos seus pensamentos por alguns momentos – e enquanto você faz isto, observe também que você os está observando (permita um breve momento de silêncio).

Assim, como uma experiência e não uma crença, você não é somente o seu corpo... seus papéis... suas emoções... seus pensamentos. Estas coisas são o conteúdo da sua vida, visto que você é a arena... o contexto... o espaço que eles preenchem. Enquanto você vê isso, observe que as coisas contra as quais você vem lutando e tentando mudar não são você de qualquer maneira. Não importa como esta guerra esteja, você estará lá, imutável. Veja se você pode tomar vantagem desta conexão para abrir mão apenas um pouco, seguro no conhecimento de que você tem sido você durante tudo isto e que você não precisa investir em todo este conteúdo psicológico como uma medida de sua vida. Apenas observe as experiências em todos os domínios em que aparecem, e enquanto você faz isto, observe que você ainda está aqui, estando ciente de que você está ciente (permita um breve período de silêncio). Agora imagine outra vez você nesta sala. E imagine agora a sala. Imagine (descreva a sala). E quando você estiver pronto para voltar para a sala, abra seus olhos.

(HAYES; STROSAHL; WILSON, 1999, p. 193-195)

Após o exercício, o terapeuta conversa sobre a experiência do cliente, porém sem analisá-la ou interpretá-la.

O importante desta fase é focar-se na experiência do cliente. Evita-se a lógica e procura-se não reforçar a concepção conceitual do cliente, o que ele afirma ser. Temas como a espiritualidade podem ser abordados pelo cliente pela natureza polêmica da questão de quem somos nós, o que nos define. Cabe lembrar que a dita espiritualidade aqui tratada é uma perspectiva, e não uma crença.

Os indícios de que o cliente está pronto para a próxima fase é quando este se percebe olhando para eventos encobertos e não dos eventos encobertos. Ele também passa a "não se levar muito a sério" e a praticar atos de aceitação espontaneamente.

O lado direito do hexágono

O lado direito do hexágono de flexibilidade psicológica é composto pelas fases dos *Valores* e das *Ações com Compromisso*. Ambas referem-se à construção de um padrão comportamental flexível que permita ao indivíduo mudar ou manter comportamentos a serviço de seus valores de vida.

Valores

Os valores são construções verbais globais de consequências desejadas na vida, direcionamentos de ações. O cliente já possui seus valores, mas provavelmente não os têm claros devido a fusões com conteúdos verbais perturbadores.

O foco teórico desta fase baseia-se no comportamento operante que é selecionado pelas consequências. As consequências passadas que aumentaram a frequência das respostas que as produziram são os reforços, que popularmente são identificados como os propósitos de nossas ações, as finalidades. Normalmente os reforços positivos generalizados de grande magnitude que não têm consequências indesejáveis a médio e longo prazo são considerados, em formulações verbais, como valores. O comportamento verbal permite que as consequências sejam relacionadas às respostas mesmo quando apresentadas posteriormente, o que possibilita a formulação de valores.

Os valores são diferentes dos objetivos, pois se apresentam de formas mais gerais, abstratas e não podem ser completamente satisfeitos, são como qualidades da ação; já os objetivos são as próprias ações, mais concretos e suscetíveis à saciação. Os valores são direções que organizam os objetivos de forma coerente.

A falta de valores é ocasionada por uma história da vida muito aversiva, na qual o indivíduo não faz construções futuras por defesa, por temer que sua história de punição ou ausência de reforçadores positivos se repita. Quando há sofrimento, indica algo com que o indivíduo se importa e que não tem. É por isto que os assuntos tratados na fase de *Desfusão* são fundamentais nesta fase.

As características dos valores são: abertura para a vulnerabilidade, vitalidade, escolha e orientação pelo momento presente.

O foco clínico desta fase é explicar o caráter significativo que os valores acrescentam à vida, definir os valores pessoais do cliente; identificar os objetivos específicos e ações que seus valores indicam; diferenciar valor de objetivo, de julgamento e de pressão social; esclarecer que os valores são definidos em parte por comportamentos e não eventos encobertos; e atentar para as armadilhas que desviam o cliente de seus valores.

O cliente tem que entender exatamente o que é um valor para que consiga definir os seus próprios. Para isto necessita-se fazer algumas distinções:

Valor como direção de ação X sentimento

Ter um valor é ter uma direção de ação na vida. Não é um sentimento de valorizar algo, pois os sentimentos são facilmente mutáveis e os valores não dependem de como a pessoa está se sentindo no momento; eles são mais permanentes, embora possam mudar em virtude da história do indivíduo. Um exemplo desta diferença pode ser explicado pela metáfora "Tabuleiro de xadrez":

> **O Tabuleiro de Xadrez**
>
> É como a metáfora do tabuleiro de xadrez. Há somente duas coisas que o tabuleiro pode fazer: conter as peças e movê-las. Para mover as peças, nós temos que ir de onde estamos para onde não estamos, e então tentar movê-las por ai. Uma decisão lógica é um movimento do tabuleiro ativamente ligado às peças. Mas porque nós não controlamos as peças, os movimentos deste tipo são movimentos que nós não controlamos. Uma escolha é mover o tabuleiro para um sentido com as peças, não para as peças. A escolha é como dizer às peças, "nós estamos nos movendo," por nenhuma outra razão se não o fato de que você escolheu fazer assim. Para fazer isto, todas as peças devem ser bem-vindas para virem juntas e, no entanto, não estarem no comando. Então estar disposto a 'ter o que você tem' é o que faz a escolha possível.
>
> (Hayes; Strosahl; Wilson, 1999, p. 219)

Escolha X julgamento

Os valores são escolhas feitas **com** razões históricas. Já o julgamento é uma seleção avaliativa entre opções **pelas** razões. Por exemplo, os animais fazem escolhas, mas não avaliam, pois não possuem um julgamento moral. O julgamento é definido por convenções sociais sobre o que é certo e o que é errado, e não sobre o que as pessoas almejam, como é o caso dos valores.

Escolha X ações derivadas da lógica

As ações derivadas da lógica baseiam-se em construções racionais, e a escolha promove ações selecionadas historicamente. Por exemplo, a escolha de um tipo de comida favorita é algo que jamais será definido pela lógica, mas será por uma história de ter provado diferentes comidas e selecionado a que mais apeteceu. Os valores promovem vitalidade justamente por serem direções escolhidas com base no que na história do indivíduo foi mais almejado.

Valores X pressões sociais

As pressões sociais estão relacionadas com o julgamento e a moral. Não é o que o indivíduo quer e sim o que é melhor para a sociedade vigente. Alguns clientes podem apresentar pressões sociais como valores e não saber diferenciá-los. Neste caso o terapeuta leva-o a imaginar situações em que a sociedade não está presente, como se o cliente estivesse numa ilha deserta, por exemplo.

Valores / processo X objetivos / resultados

Os valores são qualidades de ação, são o "como", o processo, e os objetivos são os resultados, o fim. Um exemplo desta distinção é a prática de esqui. O objetivo, o fim é chegar à parte inferior da montanha, porém o valor da atividade, o processo, é deslizar até lá. Caso alguém o leve de teleférico até a base da montanha, não haverá graça para quem quer esquiar. Uma confusão deste tipo bastante comum é a felicidade. Ser feliz é um objetivo; a questão é "fazendo o quê"? O valor é a qualidade da ação que estará proporcionando a felicidade como objetivo.

Uma vez esclarecido o que é um valor, o terapeuta conduz o cliente a identificar os seus próprios. Os clientes com histórias muito aversivas serão mais resistentes em identificar seus valores porque isto evocará respondentes desagradáveis, relacionados em sua história de vida derivados de quando agiram em direção a coisas almejadas e foram punidos ou passaram por processos de extinção. É nesta situação que as fases de *Desfusão* e dos *Valores* são intimamente conectadas. É nos aspectos em que o cliente está mais fundido que se encontra aquilo que ele valoriza; afinal é necessário se importar, ser vulnerável para que algo o afete. Caso o cliente tenha dificuldade de identificar seus valores por causa disso, volta-se aos exercícios e metáforas da *Desfusão* e pergunta-se por que tal pensamento ou sentimento é tão doloroso. A resposta conduzirá ao valor, ao que a pessoa quer e que não teve.

Algumas metáforas podem ser usadas para facilitar a identificação dos valores, como propor que o cliente se imagine em seu velório, e o que ele gostaria que as pessoas falassem dele; ou pedir que ele suponha que irá morrer em um mês, e o que ele faria; ou perguntar quais seriam os três desejos que ele faria caso achasse uma lâmpada mágica.

A investigação dos valores deve envolver todas as áreas da vida do cliente. Pode-se usar inclusive uma tabela para facilitar o processo e pedir para que o cliente descreva como ele gostaria de ser em cada âmbito de sua vida. Depois é pedido que ele enumere o grau de importância de cada modo de ser (valor), o sucesso que vem tendo em ser desta forma e a prioridade que tem em sua vida. Posteriormente também são identificados os objetivos específicos orientados pelos valores, as ações para se alcançar tais objetivos e as barreiras que o cliente enfrentará ao executá-las.

Tabela dos Valores

Área da vida	Descrição de como desejaria ser (valores)	Importância na vida	Sucesso que vem tendo	Prioridade	Objetivos específicos	Ações	Barreiras
Relacionamentos íntimos / de casal							
Relacionamentos familiares							
Relacionamentos sociais							
Trabalho							
Estudos							
Lazer							
Espiritualidade							
Cidadania							
Saúde							
Outros							

(Hayes; Strosahl; Wilson, 1999, p. 226-227)[5]

---

5   Agrupamento de três tabelas apresentadas no livro "Acceptance and Commitment Therapy".

Os cuidados que o terapeuta deve ter nesta fase é certificar-se de que o cliente entendeu exatamente o que é um valor e sua diferenciação dos objetivos.

O cliente está pronto para a próxima fase quando consegue estabelecer seus valores, os objetivos específicos e ações necessárias para alcançá-los.

Ação com compromisso

O objetivo desta fase é criar e manter mudanças comportamentais a serviço dos valores do cliente. Uma vez estabelecidos os valores, objetivos específicos e as ações para alcançar estes objetivos, o terapeuta propõe um novo contrato de trabalho: fazer da terapia um lugar que promova mudanças para se alcançar os valores do cliente.

Uma das principais características da ação com compromisso guiada por valores é que ela elicia vários eventos encobertos desagradáveis, como se elucidará a seguir. O cliente precisa estar ciente disto e disposto a encarar as consequências das mudanças comportamentais.

O foco clínico desta fase envolve estabelecer a aceitação como principal condição para as ações com compromisso; cabe relembrar que a aceitação é uma escolha, não uma vontade, e que não é possível aceitar parcialmente algo. As ações com compromisso são guiadas pelos valores e normalmente acarretam em barreiras por eliciarem eventos encobertos desagradáveis. As barreiras podem advir de pressões externas ou psicológicas, que são definidas a partir do modelo de psicopatologia da ACT: FEAR ("Fusion" – fusão, "Evaluation" – avaliação, "Avoidance" – evitar, e "Reason giving" – dar razão). Dentre estas barreiras, as principais são a dor, o trauma e a vitimização. Em contrapartida, o perdão e a autoaceitação colaboram para a permanência nas ações com compromisso e o abandono das tentativas de controle dos eventos encobertos.

As ações com compromisso acarretam eventos encobertos desagradáveis porque remetem a tentativas passadas que fracassaram e produziram respostas emocionais intensas, as quais o cliente provavelmente tem medo de rever. Caso necessário, o terapeuta pode provocar tais respostas emocionais na sessão, identificar com o cliente qual processo está ocorrendo (*fusão* com conteúdos verbais, avaliações, tentativa de evitar eventos encobertos ou atribuições de causas a eventos encobertos), e fazer alguns exercícios da fase de *Desfusão* ou *Aceitação*. Um exemplo de intervenção nesta situação é perguntar ao cliente se no passado, não estar disposto a ter os eventos encobertos desagradáveis o impediram de entrar em contato com eles, ou fazer um exercício de meditação em que o indivíduo seja levado a ficar de olhos fechados e perceber seu incômodo, seus pensamentos, sentimentos, estados corporais etc., e se ele consegue permitir que estes pensamentos e sentimentos desagradáveis permaneçam onde estão sem precisar se esquivar deles.

Às vezes o cliente está parcialmente disposto a permanecer com seus eventos encobertos desagradáveis, porém para a aceitação isto não funciona. Uma metáfora usada para esclarecer este aspecto é a "Joe-Bum":

Joe-Bum
Imagine que você comprou uma casa nova e convidou todos os vizinhos para uma festa lá. Todos na vizinhança inteira foram convidados – você pôs até um aviso no supermercado. Assim todos os vizinhos apareceram, a festa estava sendo ótima, e ai chegou Joe-Bum, que vive atrás do supermercado, junto ao lixo. Ele é fedorento, e você pensa, "Oh não, porque ele apareceu?" Mas você disse no aviso, "todos são bem vindos." Você acha que

é possível para você recebê-lo com boas-vindas, e realmente, inteiramente, sem gostar que ele esteja aqui? Você pode dar-lhe boas-vindas mesmo que você não pense bem dele. Você não tem que gostar dele. Você não tem que gostar de como ele cheira, ou de seu estilo de vida, ou de sua roupa. Você pode ficar embaraçado com o modo como ele mergulha no ponche ou fica colocando os dedos nos sanduíches. Sua opinião sobre ele, sua avaliação sobre ele, é absolutamente distinta de sua disposição de tê-lo como um convidado em sua casa.

Você poderia também decidir que mesmo que você dissesse que todos eram bem-vindos, na realidade Joe não é bem-vindo. Mas assim que você fizer isto, a festa muda. Agora você tem que ficar na porta da casa, fazendo guarda para que ele não possa voltar para dentro da festa. Ou se você disser, "Tudo bem, você é bem-vindo", mas você não acha isso na verdade, você quer dizer somente que ele é bem-vindo contanto que permaneça na cozinha e não se misture com os outros convidados, então você terá que constantemente ficar de olho nele e sua festa inteira será a respeito disso. Neste meio tempo, a vida continua, a festa continua, e você está fazendo guarda para o desagradável. Isto não é estar vivendo. Não é bem como uma festa. É muito trabalho. A metáfora é, naturalmente, sobre os sentimentos, memórias e pensamentos que aparecem e que você não gosta; eles são apenas mais Joes na porta. A questão é a postura que você toma a respeito de seus próprios conteúdos. Os Joes são bem-vindos? Você pode escolher dar-lhes boas-vindas, mesmo que você não goste do fato de que eles apareceram? Se não, como a festa irá ficar?

(HAYES; STROSAHL; WILSON, 1999, p. 240)

Um outro modo de colocar esta característica de tudo ou nada da aceitação é o ditado zen: "você não consegue pular um *canyon* em dois passos."

Estas metáforas e exercícios sobre aceitação promovem uma experiência que facilita que o cliente permaneça em suas ações compromissadamente mesmo quando os eventos encobertos desagradáveis aparecerem em sua vida fora da terapia, pois não se trata apenas de tomar uma direção, mas sim de persistir nela mesmo frente a obstáculos.

Quando as barreiras para as ações com compromisso envolvem dor, trauma ou vitimização, os clientes costumam ter autorregras de que se eles não entrarem em contato com o sofrimento, então ele diminui, o que é exatamente o oposto. A experiência dolorosa causa sofrimento, mas quando este sofrimento é evitado, ele se transforma no desconforto sujo, que causa danos e constitui o trauma. Uma metáfora apropriada para demonstrar este processo é o "Amor de colegial":

Amor de colegial

Lembre-se da época em que você estava no colegial e estava apaixonado por alguém que o rejeitou. Você consegue recordar quão terrível a dor parecia ser naquela época? Para algumas pessoas, esta dor deixa cicatrizes pelo resto da vida, gera um padrão de não confiar nos outros e de evitar oportunidades de real intimidade. Olhe para a dor de sua primeira rejeição e se pergunte: Como seria se fosse realmente tudo bem apenas sofrer quando você perdesse algo? Você tem pouco controle sobre a dor em sua vida – as pessoas irão rejeitá-lo, e as pessoas morrem, coisas ruins acontecem. A dor faz parte de estar vivo e nenhum de nós pode evitar. Mas aquilo sobre o que você tem controle é se a dor se transforma ou não em um trauma. Se você não estiver disposto a sofrer, você tem que evitar a dor. Lembre-se de como foi difícil para você, como um adolescente, se abrir após sua primeira real rejeição. Mas se você não se abrir, os danos continuam e continuam.

(HAYES; STROSAHL; WILSON, 1999, p. 252)

Uma das formas mais elegantes de aceitação é o perdão e a autoaceitação, que devem ser o objetivo das intervenções em *desfusão* e *aceitação*.

Quanto às técnicas para engajar o indivíduo nas ações com compromisso, uma vez trabalhada a aceitação, todos os procedimentos disponíveis na análise do comportamento podem ser utilizadas de acordo com o caso.

Este processo de mudança comportamental em direção aos valores do cliente não precisa terminar na terapia. As sessões vão sendo espaçadas à medida que o cliente apresenta abertura para a mudança, até que este consiga continuar a transformar seus comportamentos em direção aos seus valores e se manter neles por si mesmo.

Os cuidados requeridos nesta fase são garantir que os valores sejam genuinamente do cliente e atentar para perda de foco nas ações com compromisso. Se isto ocorrer, ou as ações não estão correspondendo aos valores, ou há mais barreiras que devem ser trabalhadas, ou as mudanças comportamentais foram muito abruptas.

Processo terapêutico e o terapeuta

Embora as fases do processo terapêutico tenham sido descritas separadamente e seguindo uma ordem para fins didáticos, estas fases correspondem a processos comportamentais que podem ser arranjados de diferentes formas conforme cada caso. Do mesmo modo que as metáforas e exercícios muitas vezes englobam mais de um conceito ou processo que podem ser trabalhados conjuntamente, eles também podem ser transformados ou poderão ser criados novos que mantenham o mesmo intuito, contanto que sejam mais apropriados para o indivíduo em questão. É justamente isto que significam as linhas do hexágono de flexibilidade psicológica – uma maior dinâmica entre cada processo / fase – processos que não precisam ser realizados nem na ordem apresentada, nem por inteiro; pode-se ir e vir em cada fase / processo de acordo com a necessidade de cada cliente.

O terapeuta que conduz uma ACT tem que estar de acordo com os pressupostos teóricos e passar por um questionamento similar ao do cliente. Ele deve rever sua vida segundo o modelo da ACT. Isto envolve:

- identificar os problemas de sua vida;
- quais são as estratégias que utiliza para lidar com eles;
- para cada estratégia, analisar sua efetividade a curto, médio e longo prazo;
- identificar similaridades entre as estratégias;
- classificar cada estratégia como de controle ou aceitação;
- perceber o principal tipo de estratégia utilizada em sua vida;
- para cada estratégia de controle, identificar o que está tentando controlar, o que está sendo evitado e o que está sendo eliminado;
- autodefinir-se, como você é, melhores e piores aspectos de sua pessoa;
- realçar os traços positivos e negativos mais fortes de personalidade;
- perguntar-se se estes traços influenciam em sua habilidade de achar soluções criativas para seus problemas;
- para cada problema principal de sua vida, identificar as emoções, os pensamentos, as memórias e as partes da sua história de vida que eles envolvem que são mais difíceis de se lidar;

- observar quais destes conteúdos encobertos considera incompatível com uma vida significativa;
- se estiver disposto a entrar em contato com estes conteúdos encobertos, praticar permanecer com eles em diferentes contextos, podendo ser utilizados exercícios da fase de *Desfusão* para isto, e perceber a parte de si que está percebendo estes conteúdos;
- identificar valores em cada área da vida, os obstáculos para alcançá-los, e quais conteúdos encobertos que terá que estar disposto a ter para realizar os valores;
- escolher um valor central da vida, um objetivo derivado dele, e suas respectivas ações, considerando a necessidade ou não de estar disposto a ter conteúdos encobertos desagradáveis como consequência de realizar tais ações (pode ser que seja necessário perdoar alguém ou a si mesmo).

Este trabalho pessoal do clínico, além de colaborar com sua própria vida, facilita entender os processos que os clientes apresentam e possibilita formas de melhor lidar com eles.

Conclusão

A ACT é uma proposta terapêutica baseada em princípios do Behaviorismo, que se utiliza de estratégias interessantes como metáforas e exercícios que remetem o cliente à sua própria experiência como referencial da efetividade de suas ações, proporciona mudança de função de estímulos aversivos, estimula o contato com as contingências e a mudança comportamental, estabelece contingências de reforçamento positivo potenciais, e promove o controle de respostas por reforço positivo mesmo na presença de estimulação aversiva encoberta.

A principal particularidade da ACT é a teoria dos quadros relacionais, que institui a linguagem, a capacidade de relacionar estímulos arbitrariamente, como o principal processo que leva as pessoas a desenvolverem psicopatologias. A teoria dos quadros relacionais define na ACT uma diretriz de intervenções terapêuticas voltadas para o comportamento verbal e os eventos encobertos.

O arranjo de intervenções da ACT serve aos seus dois propósitos principais: abandonar a tentativa de controle dos eventos encobertos e responder sob controle de reforçadores positivos mesmo na presença de estimulação aversiva encoberta. Estes propósitos, além de permearem as intervenções, trazem consigo uma postura frente à vida, um modo de ser humano, que implica essencialmente em autoaceitação e integridade nas ações em direção aos valores pessoais.

Referências

BROWN, R. A., PALM, K. M., STRONG, D. R., LEJUEZ, C. W., KAHLER, C. W., ZVOLENSKY, M. J., HAYES, S. C., WILSON, K. G., GIFFORD, E. V. *Distress tolerance treatment for early-lapse smokers: Rationale, program description, and preliminary findings.* Behavior Modification. Vol 32(3), May 2008, 302-332.

FLESSNER, C. A., BUSCH, A. M., HEIDEMAN, P. W., WOODS, D. W. *Acceptance-enhanced behavior therapy (AEBT) for trichotillomania and chronic skin picking: Exploring the effects of component sequencing.* Behavior Modification. Vol 32(5), Sep 2008, 579-594.

HAYES, S. C., STROSAHL, K. D., e WILSON, K. G. *Acceptance and Commitment Therapy: an experiential approach to behavior change.* Estados Unidos, Nova York: The Guilford Press, 1999.

LUNDGREN, T., DAHL, J., HAYES, S. C. *Evaluation of mediators of change in the treatment of epilepsy with acceptance and commitment therapy.* Journal of Behavioral Medicine. Vol 31(3), Jun 2008, 225-235.

LUNDGREN, T., DAHL, J., YARDI, N., MELIN, L. *Acceptance and commitment therapy and yoga for drug-refractory epilepsy: A randomized controlled trial.* Epilepsy & Behavior. Vol 13(1), Jul 2008, 102-108.

LUOMA, J. B., KOHLENBERG, B. S., HAYES, S. C.; BUNTING, K., RYE, A. K. *Reducing self-stigma in substance abuse through acceptance and commitment therapy: Model, manual develo-*

pment, and pilot outcomes. Addiction Research & Theory. Vol 16(2), Apr 2008, 149-165.

PÁEZ-BLARRINA, M., LUCIANO, C., GUTIÉRRES-MARTÍNEZ, O., VALDIVIA, S., ORTEGA, J., RODRÍGUEZ-VALVERDE, M. *The role of values with personal examples in altering the functions of pain: Comparison between acceptance-based and cognitive-control-based.* Behaviour Research and Therapy. Vol 46(1), Jan 2008, 84-97.

SÉRIO, T. M. A. P., ANDERY, M. A., GIOIA, P. S., e MICHELETTO, N. *Controle de estímulos e comportamento operante: uma (nova) introdução.* São Paulo, Brasil: EDUC, 2004.

SIDMAN, M., (1989). *Coerção e suas Implicações.* São Paulo, Brasil: Editora Livro Pleno, 2003.

SKINNER, B. F., (1953). *Ciência e comportamento humano.* São Paulo, Brasil: Livraria Martins Fontes Editora Ltda., 2007.

VARRA, A. A., HAYES, S. C., ROGET, N., FISHER, G. *A randomized control trial examining the effect of acceptance and commitment training on clinician willingness to use evidence-based pharmacotherapy.* Journal of Consulting and Clinical Psychology. Vol 76(3), Jun 2008, 449-458.

VEIGA-MARTÍNEZ, C., PÉREZ-ÁLVARES, M., GARCÍA-MONTES, J. M. *Acceptance and commitment therapy applied to treatment of auditory hallucinations.* Clinical Case Studies. Vol 7(2), Apr 2008, 118-135.

VOWLES, K. E., MCCRACKEN, L. M. *Acceptance and values-based action in chronic pain: A study of treatment effectiveness and process.* Journal of Consulting and Clinical Psychology. Vol 76(3), Jun 2008, 397-407.

WICKSELL, R. K., AHLQVIST, J., BRING, A., MELIN, L., OLSSON, G. L. *Can exposure and acceptance strategies improve functioning and life satisfaction in people with chronic pain and whiplash-associated disorders (WAD)? A randomized controlled trial.* Cognitive Behaviour Therapy. Vol 37(3), Sep 2008, 1-14.

Construindo ideias e
conectando mentes

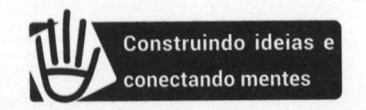

Este livro foi composto com tipografia Bembo e impresso em Pólen Natural 80g. na Gráfica Promove em Setembro de 2025.